谨以此通信集纪念本书的两位作者

　　他们一生寻求真理，历尽波折

　　晚年不懈反思，自我启蒙

　　守护暗夜之光，笃行自由民主之道

壹嘉个人史系列

民主启蒙对话录

许良英、李慎之通信集

徐友渔、傅国涌、李大同 作序

壹嘉出版
1 Plus Books
https://1plusbooks.com

作者/Author：许良英、李慎之/Xu Liangying, Li Shenzhi
书名/Title：民主启蒙对话录：许良英、李慎之通信集/The Xu Liangying, Li Shenzhi Correspondence: Letters on Enlightenment and Democracy
Copyright © 2025 by 许良英、李慎之/Xu Liangying, Li Shenzhi
2025 1 Plus Books® 壹嘉出版®
Paperback Edition 平装版
Published and Printed in the United States of America

ISBN: 978-1-949736-94-6
All rights reserved, including the right to reproduce this book or portion thereof in any form whatsoever.

出版人：刘雁
定价：US$23.99
San Francisco, USA , 2025
https://1plusbooks.com
email: 1plus@1plusbooks.com

1999年12月7日在李慎之家
两位老人初次会面

许良英先生与夫人王来棣

李慎之先生与夫人张贻

慎之同志：

7.22信收到多日了，由于天气太热，加上心律失常老病复发（突发性早搏，已20年历史了），未能及时写回信。

的确，我也认为，对中国历史、现实和出路的看法，我们基本上是一致的。只是由于个人经历和感受的不同，对一些具体问题的看法难免稍有出入，经过坦诚地交流以后，会取得共识的。读到你的信，仿佛是炎暑中享受清风。我们在耄耋之年才相识，实在有相见恨晚之感。

你对目前"民族主义"和"新左派"的叫嚣甚嚣尘上感到忧心忡忡，这两股官方支持的思潮也引起我注意。在政治高压、意识形态严控、不允许有不同声音的大气候下，这种弥漫着愚昧骗人鬼话很能使此辈嚣张和蒙骗众多的无知者，但不足畏。只要有五四时期那样的言论自由，出版自由和新闻自由，这种鬼话必定象抹布、旧衣裳的鬼话一样成为老古董而被送进街扔，不会有什么市场。（可恨的，以"新启蒙"者自居的王元化，前些年竟居然为极左派翻案，还有人把你与玩火相提并论，称"南王北李"，对这样的桂冠，想你是不会乐意接受的吧。）对民族主义，1997年我发表过一个访谈录《民族

① 1998.3.4.

良荣同志：

收到来信和大文，深为感佩。

我知道李的婆有一个书的娑问题（我也未看到原文）我的文章属于"阿叫一声"实在憋得太久了，不能不一吐为快。

我对我的记忆本来也没有什么把握，到底二十多年了（印象已不清晰了不记得）。可是我有一点强有力的反证，我是一个搞外语的人，认为中国古代科学没有严密的逻辑，没有体系化，数学化，这里想见不是能到我脑子里的，现在想来，切骨铭心，也是推到书的论述上。

我是文革后才开始看李约瑟的著作的，已经看了一本又开始看第二本了。我的印象是李的话十分博学又极谨慎，凡一种东西，中国与外国了能同时发生的，他必判给中国。读其书可以明显地感到他的这种情绪带有某种偏见。可是这并不是我所做中国人所能苟许，足了我没有受他影响。他的书见官无批判而见者了了。

你提的意见我全同意。其实我在写问命而革的时候就已经自我质到。我以钟表技术的小野末说地，实际上已经这样想过之前了。科学实验要求的技术当然比我们的复杂，科学中有技术，技术中也有科学。要敢于迎接挑战我也必要。怀一样地，做新克的人则叫"科学家" = scientist. 他见到是要叫一句，想叫见叫中国人想一想。（这也是智识的人有大关系，实际上在一个十亿人的国家，几乎是不会引起任何反响的）

再说数学的问题我也记得是与年轻同时没有吃回去看+技一样。辛苦了这里代科学这义的瑞典人林耐鹤见因而发明动植物（了老了引至而）的。林耐用了的数学？

我所以要喊一声，是为了要... 浪费（言到）中国文化特子这的报未看到，面于（以第啥为代表）以除此...还记术其，中西以现上到确论其差。这个差到（是过几年的发展差得实在太自大）这些话其实已不掌了本中国能见已远成一中华绝论，也许没有了"老七了".

李慎之先生手迹

目 录

序一　跨世纪的对话和思考　　　　　　　徐友渔　　1

序二　"以平常心，做平常人"——重读《民主启蒙对话录》
　　　　　　　　　　　　　　　　　　　　傅国涌　　7

序三　民主：作为理想与现实的思考
　　　　——《民主启蒙对话录》读后　　李大同　　14

一九九八年通信

　　许良英致李慎之　1998年2月27日　　　　　　　26
　　李慎之致许良英　1998年3月4日　　　　　　　 29
　　许良英致李慎之　1998年3月7日　　　　　　　 32
　　李慎之致许良英　1998年3月11日　　　　　　　34
　　许良英致李慎之　1998年3月22日　　　　　　　37
　　李慎之致许良英　1998年3月25日　　　　　　　39
　　许良英致李慎之　1998年3月29日　　　　　　　41
　　李慎之致许良英　1998年8月23日　　　　　　　47
　　李慎之致许良英　1998年10月10日　　　　　　 48
　　许良英致李慎之　1998年10月17日　　　　　　 50
　　李慎之致许良英　1998年11月11日　　　　　　 53
　　许良英致李慎之　1998年11月27日　　　　　　 55

一九九九年通信

李慎之致许良英	1999年8月22日	59
许良英致李慎之	1999年9月1日	62
李慎之致许良英	1999年9月6日	65
李慎之致许良英	1999年9月9日	68
李慎之致许良英	1999年10月28日	69
许良英致李慎之	1999年11月1日	70

二零零零年通信

李慎之致许良英	2000年2月13日	72
李慎之致许良英	2000年6月16日	74
许良英致李慎之	2000年6月23日	76
李慎之致许良英	2000年7月4日	77
许良英致李慎之	2000年7月12日	80
李慎之致许良英	2000年7月22日	83
许良英致李慎之	2000年8月4日	85
李慎之致许良英	2000年9月2日	89
许良英致李慎之	2000年10月24日	90

二零零一年通信

李慎之致许良英	2001年2月5日	94
许良英致李慎之	2001年2月5日	96
李慎之致许良英	2001年2月7日	97

许良英致李慎之	2001年2月11日	98
许良英致李慎之	2001年4月15日	100
李慎之致许良英	2001年4月21日	101
许良英致李慎之	2001年5月5日	103
李慎之致许良英	2001年5月8日	106
许良英致李慎之	2001年5月12日	107
李慎之致许良英	2001年6月2日	110
许良英致李慎之	2001年6月24日	111
李慎之致许良英	2001年6月29日	114
许良英致李慎之	2001年7月14日	116
李慎之致许良英	2001年8月23日	120
许良英致李慎之	2001年9月11日	121
李慎之致许良英	2001年9月16日	123
李慎之致许良英	2001年9月19日	125
许良英致李慎之	2001年9月23日	126
李慎之致许良英	2001年9月28日	129
许良英致李慎之	2001年10月19日	132
李慎之致许良英	2001年10月23日	135
许良英致李慎之	2001年10月30日	136
许良英致李慎之	2001年11月7日	137
李慎之致许良英	2001年11月12日	138
许良英致李慎之	2001年11月21日	141

李慎之致许良英　2001年11月22日　　　　　　　　　144

许良英致李慎之　2001年12月1日　　　　　　　　　145

二零零二年通信

许良英致李慎之　2002年1月8日　　　　　　　　　147

李慎之致许良英　2002年1月12日　　　　　　　　　149

许良英致李慎之　2002年1月18日　　　　　　　　　150

李慎之致许良英　2002年1月21日　　　　　　　　　152

许良英致李慎之　2002年1月26日　　　　　　　　　154

李慎之致许良英　2002年2月11日　　　　　　　　　156

许良英致李慎之　2002年2月16日　　　　　　　　　157

许良英致李慎之　2002年4月30日　　　　　　　　　158

李慎之致许良英　2002年5月7日　　　　　　　　　160

李慎之致许良英　2002年5月18日　　　　　　　　　161

许良英致李慎之　2002年6月14日　　　　　　　　　162

李慎之致许良英　2002年10月14日　　　　　　　　　166

许良英致李慎之　2002年10月20日　　　　　　　　　167

李慎之致许良英　2002年10月30日　　　　　　　　　171

许良英致李慎之　2002年11月5日　　　　　　　　　176

李慎之致许良英　2002年11月11日　　　　　　　　　181

许良英致李慎之　2002年12月2日　　　　　　　　　184

李慎之致许良英　2002年12月7日　　　　　　　　　186

许良英致李慎之　2002年12月31日　　　　　　　　　187

二零零三年通信

李慎之致许良英	2003年1月2日	189
许良英致李慎之	2003年1月8日	193
李慎之致许良英	2003年1月23日	197
许良英致李慎之	2003年1月28日	203
李慎之致许良英	2003年2月13日	207
许良英致李慎之	2003年2月17日	208
李慎之致许良英	2003年3月3日	209
许良英致李慎之	2003年3月8日	210
李慎之致许良英	2003年3月28日	211
许良英致李慎之	2003年4月1日	212

附录一	中国文化传统与现代化 ——兼论中国的专制主义	李慎之	217
附录二	没有政治民主，改革不可能成功	许良英	244
附录三	悼挚友、同志李慎之	许良英	249

序一

跨世纪的对话和思考

徐友渔

我们这里看到的，是两位思想者在20世纪即将结束，21世纪刚刚到来之际五年多时间内关于中国前途的对话和思考。他们的思想表达于相互来往的83封信中，这种通信开始于许良英于1998年2月底应李慎之的请求对自己一篇文章作出的评论，终结于2003年初春李慎之的离世。这段时间与两个重要的时间点相关：第一个时间点是将近十年前发生在北京的六四血腥镇压，第二个时间点是中国在2001年加入了世界贸易组织。六四惨案的发生使得包括许良英、李慎之在内的志士仁人重新考虑中国共产党的本质与作用，加入世贸组织则使关注中国命运前途的知识分子在全球化的背景和框架下衡量中国的当下问题和未来前景。

许、李二人十分珍视他们之间的通信和交流，他们向对方敞开心扉、无话不谈，有时自己期盼的信函未能及时送达，他们会焦急和挂牵，托朋友问询或者再次发信。那时，两位老人还不会使用电子邮件，通信全靠手写和邮局传送，这使得写信和寄信都并非易事，而收到和阅读信件也成为一件大事和乐事。除了中外历史、天下大势、科技文明、人心向背之外，他们两人还十分关心对方的饮食健康、生活起居以及家庭伴侣的工作与身体情况。信函往来成为两人生活中的一个重要组成部分，正如《诗经》所说:"嘤其鸣矣,求其友声"。

对于中国社会的发展,对于中国公共知识分子的思考和表达,世纪之交的10来年是一个具有特殊内涵的时间段。一方面,中国的发展方向和政策导向发生了大落大起的戏剧性变化——从六四镇压之后的"防修、反修"和"反资产阶级自由化"转变为经济体制改革的重新启动与市场经济的快速发展;另一方面,言论空间从六四镇压之后的绝对鸦雀无声到出现或多或少的民间话语缝隙。而从新世纪之后的10来年起,万马齐喑的局面又再次出现。许良英、李慎之的思想探索和思想交流,正是发生在一个难得的思想文化高度管控稍稍松懈的时间段,他们的思想活跃与社会思潮的活跃是一致的。

世纪之交所呈现的思想文化图景与80年代的图景大异其趣,而在1989年残酷镇压之前的80年代,被人们认为是思想开放、充满活力与希望的时代。80年代的主旋律是民主与启蒙,而在世纪之交,出现了对这两种价值的否定,从西方引进的新左派理论把民主与启蒙定性为资产阶级的意识形态,否定普世价值的存在;80年代人们高度认可的前进方向是现代化,而在世纪之交,走红和大声喧哗的是对现代性概念的批判,是后现代主义理论和新左派理论;在80年代,国学界的主流是要从中国传统文化中发掘出与民主相同或者相近的因素,而在世纪之交,不少人鼓吹中国传统文化将在21世纪成为指引人类发展的、拯救人类危机的不二法门;在80年代,主流思想文化倾向是面向世界、学习西方,在世纪之交,喧嚣一时的是种种贬抑西方,充满虚骄之气的极端民族主义。

从许良英和李慎之的通信中可以看到,他们对于80年代追求启蒙与民主的方向大力肯定，对于泛滥一时的后现代主义、新左派理论和极端民族主义则持否定和批判态度。不过，可以看出，他们对待新近从西方传来的时髦理论与出自本土、以老祖宗自傲的说法，态度上还是有所区别。对于前者，他们仅仅是揭露其观点荒谬，靠晦涩难懂的语言吓唬人；对于后者，他们在论点和论据上下功夫，务求立论周全。

李慎之在信中评论一位新左派的代表人物时说，本来以为他"文字能力太差，不料恰恰是他这种艰涩不通的文字居然能俘虏大批的青年人，以为是有学问、有见解、有思想，是以为大家取法，结果造成一大批伪学者与伪思想，真是可叹。"许良英也指出，中国的新左派文字晦涩难懂，观点匪夷所思，他们经常搬弄一些自己也不懂的生造名词来自欺欺人，说一些精神错乱者才能说得出的浑话。其实，他们的主张并不新鲜，早在他们之前，法兰克福学派的马尔库塞就说了很多类似的话。那些反科学、反理性、反启蒙的主张，在当今西方社会并没有得到多少人的支持，而在中国却红得发紫，这岂非咄咄怪事！

对于新世纪在中国喧嚣一时的、狂热的民族主义，李慎之、许良英高度警惕、坚决抵制。他们把批判的矛头指向以季羡林为代表的文化民族主义，这种论调主张：中华文明、中华文化从古至今都优越于西方文明和西方文化，21世纪将是中国文化引领世界的世纪。李慎之、许良英认为，这种自大心态对于中国追赶先进并无好处。为了说明在中国传统文化中既缺少民主、也缺少科学，他们阅读了不少文献，参照了许多人——比如台湾中央研究院院长吴大猷的观点，证明中国需要向世界学习之处甚多，我们现在并无骄傲自大的本钱。为此，李慎之写了颇有影响的文章"中国传统文化中有技术而无科学",两人还在通信中探讨了所谓的"李约瑟问题",广征博引,以证明我们还有必要向世界上一切的先进事物学习。他们这样做,并不是妄自菲薄、崇洋媚外,而是清醒地认识到了自己的不足,坚定长期努力,力争赶超的决心。

许良英、李慎之兴趣广泛,他们的思考涉及到过去、现在和将来方方面面的问题。但是,在他们的思想中,有两个问题处于核心地位,那就是民主和启蒙。在他们看来,自从西方打开中国的大门,中国人开始放眼看世界以来,中国人民坚持不渝的追求目标就是建立一个民主的政治制度。这一点,在全球化浪潮席卷全世界的今天,显得更加清晰和突出。李慎之在一封信中说:"民主已是一种全球价值,而且必然要更推广、更深化,中国的改革,只有融入全球价值才有前途,其核心的价值即是自由,即是人权。"他还说:"中国要现代化只有一条路可走,就是全面的、充分的民主,这不但是中国的必由之路,也是世界各民族的必由之路。"

许良英、李慎之两人都有一个坚定的信念和明确的主张:为了实现民主,必须再次启蒙。当代中国发生过两次轰轰烈烈的启蒙运动,一次在五四新文化运动时期,又一次发生在上世纪80年代的"文化热"时期。这两次启蒙都被外力打断,没有得到应有的结果,所以,在新世纪,还应该有一次再启蒙。李慎之在1988年3月25日致许良英的信中说:"明年是五四 80 周年,要重新强调科学与民主,同时提出再启蒙。"他还以很有现实感和紧迫感的口气说:"中国的学者不能没有准备,万一有一天需要人提方案,提意见,我们这样自以为是志士仁人的人提不出有原则的意见来,一旦铸成错误,将贻害无穷。"

许良英作为社会活动家，考虑问题更加现实和具体。他认为，在争取民主的斗争中，知识分子理应起先导作用，但是，他们的启蒙首先应当是启自己的蒙。另外，他根据自己的观察和经验提出，启蒙者应当有平常心，切忌有优越感。他说："我觉得，中国要实现民主，首先需要一批独立知识分子，他们应该具有独立人格、独立思想和独立的批判精神，他们不依附任何权贵和势力集团，而具有民主意识和社会责任感，主动承担起民主思想启蒙的重任。但我又从自己切肤之痛的反思中认识到，所谓启蒙，首先应启知识分子自己的蒙，彻底打破几十年来官方意识形态所养成的自我封闭和夜郎自大的心态，虚心学习在西方早已成为人所共知的常识并有效地实行了几百年的代表人类现代文明的基本制度。我说的民主意识，指的是，不仅真正懂得民主概念的正确涵义，自身还应坚持民主精神，不可自视高人一等，更不可以领袖自居，而应以平常心，做一个平常人。"

因为是在通信中交流思想，许良英、李慎之不可能长篇大论地阐述自己的观点和论证，但这不要紧，我们可以在他们的其他著述中完整地了解他们的想法。书信表达虽然着墨不多，但往往更加直接和透明，让读者更加容易体察到写作者鲜活的思想，生动的个性。从两人的通信中可以看到，许良英的文字特征是表述精确、逻辑严密、思想锐利，说话只管求真而不顾情面；而李慎之则是立意高远、笔触生情，文字的韵味令人捧读再三、欲罢不能。从通信中还可以看到两人的性格差异：李慎之生性敏感，身处漫漫长夜不免生发悲情，所以，好友的宽慰与鼓励不啻于寒冬中的一阵暖流，他往往是本着"知其不可而为之"的精神让自己振作起来；而许良英则是一位不知疲倦、永不后退的战士，他坚信光明一定会战胜黑暗,他善于"于无声处听惊雷"。两位老人的交流,不但有思想上的相投,还有情感上的相契,读到通信中两人相互关心和相互慰勉的话语,不免令人联想到中国古代关于俞伯牙与钟子期的"摔琴谢知音"的故事。

相比于轰轰烈烈、众声喧哗的80年代,90年代和世纪之交是思想往深处沉潜,思考多于表达的时期。民主运动虽然遭到镇压,但人们心中的民主火焰并未熄灭,相反,知识界对于民主的理解有大幅度的提升。许良英、李慎之的思考和探索,也随着这股大潮同步并行。他们的思考和探索,他们的坚持和贡献,是一笔值得中国人继承宝贵遗产。

序二

"以平常心，做平常人"
—— 重读《民主启蒙对话录》

傅国涌

许良英和李慎之两位先生的通信集，二十多年来我不止一次地读过。这些信写于1998年2月到2003年4月，许先生从78岁到83岁，李先生从75岁到80岁，因李先生的猝然离世而中断。这是两个历经20世纪风风雨雨、在毛泽东的"绞肉机"里滚过来的老人，在两个世纪之交的思想对话，显示了极为罕见的真诚和直率。那时，许先生跟我也在通信，他常把两人的通信复印一份随信寄给我。在李先生离世不久，我曾写过一篇长文《"知其不可为而为之"的"悲凉"——从李慎之与许良英的43封通信解读李慎之晚年思想》[1]。本来打算再写一篇解读许先生晚年思想的长文，一直没有下笔。

二十多年过去了，他们当初讨论过的问题不仅没有过时，现实甚至比他们在世时更为不堪，这或许是他们没有想到过的。他们最关心的就是中国的民主转型，反反复复讨论的就是民主和启蒙等问题。对于具体的人、事及对转型的期待等，他们之间也常有不同看法，许先生的直言不讳，眼中容不得沙子，在这些信中

---

[1] 收入本书的许良英、李慎之之间的通信共83封，此处的43封专指李致许的信件。

也表露无遗。

他们在书信来往之初，就讨论过求真的问题，因为李先生说英文中truth（真理）这个词是"价值中立的"，是近代中国人将它变成"有崇高价值的词"。对此，许先生有完全不同的理解。他们想起了各自母校的校训，许先生毕业于竺可桢时代的浙江大学物理系，李先生就读于燕京大学经济系。许先生说浙大的校训"求是"，首先是因浙大的前身为求是书院，但竺可桢校长给出了极精辟的解释，"求是"就是"排万难冒百死以求真知"。李先生说燕京的校训"因真理得自由以服务"是相连贯的，必须有自由才能得真理，然后服务于人类。他们在民国接受的大学教育成了他们生命的底色，对于他们重新反思自己走过的道路无疑是不可忽略的。

年轻时他们都被共产党吸引，并投身共产革命的洪流，在1957年被打成右派，当时许先生在中科院，李先生在新华社。李先生自称1959年底、1960年初就"彻底觉悟"了，他说当时用《封神榜》中哪吒的一句话对自己说："削骨还父，削肉还母"。许先生多次讲自己对毛泽东的迷信到1974年才破除，1987年才最后从马克思主义的框框中跳出来。他们反思自己为什么会加入共产党？许先生说不是为了民主，而是为了彻底解决社会不公。李先生说早年的选择主要是受到民族主义和平等思想的影响，也不是为了追求民主而加入共产党。从年龄上说，他们这一代正是中共建立政权的基本力量。1949年，他们分别是29岁、26岁，正处于生命最好的年华，却已是"老革命"。

而在生命的暮年，他们念兹在兹的就是中国何时告别极权，走向民主。1999年，李慎之在写下《风雨苍黄五十年——国庆夜独语》前的一封信中说，中国至今仍在专制主义统治下，他称之为"

后期极权主义社会","最理想的办法是和平进化，但是可能性几乎没有。国内外现在都没有'爱国志士'，有的只是利禄之徒。……从中国到外国，再从外国到中国，感到的只是极度的孤独。"

许先生在回信中说："这些肺腑之言使我感到伤心，也有点意外。我觉得你对现实是过于悲观了。表面上中国这块几千年来沉积成的板块是坚不可破的，但在整个人类文明洪流的不断冲击下，早已在逐渐溶化中。因为人同此心，心同此理，人心是不可侮的。"他想起1976年和1989年天安门广场上激动人心的场面，相信人心不会死，"爱国志士"在他相知的朋友中就不少。这里所说的"爱国志士"当然是指以追求民主、人权并付诸于行动的人。

和李先生不同，许先生自上世纪八十年代以来，尤其"六四"以后，深深介入了中国的民主人权运动，并成为其中最有感召力、也是最坚定的推动者，并不只是一个书斋里的冷静的思想者，同时也是一个热情的负责任的行动者，交往的范围超出了知识分子的圈子。他在信中说："虽然近十年来我的处境相当困难，文章不让发表，电话一直被窃听，还曾一度遭软禁，不少人不敢同我来往，但我始终没有感到孤独。相比之下，你的处境与我有天壤之别，你每年发表这么多文章，又有这么多人争请你写序，显然，理解你和仰慕你的人是很多的。……总之，我觉得你决不是'孤独'的，至少我和我的一些朋友都是你的知音，我常常把你的一些精彩的文章向朋友们介绍。"

这种挥之不去的孤独感之所以一直笼罩着李先生，他自称这是"蜀中无大将，廖化作先锋"的孤独。我以为这是有生之年看不到转型的希望所致，他在接下来的回信中说，中国人要拥有有自由、有法治的"像样的民主"，"以中国人素质之低，如果那能在21

世纪末,或者22世纪初达到,我就可以死而瞑目了。"对于生于1923年的他来说,那是遥不可及的。

直到2003年1月,他在信中又一次提及:

> 进入新世纪后,我常说两句话:(1)对中国之实现民主,我能否及身得见,比较悲观;(2)对中国能在21世纪上半期实现民主,我基本乐观。不过,我之所谓民主,只能指废除一党专政,建立民主框架而言,并非指充分民主。实现充分民主,最乐观也需要到21世纪末。

许先生几乎不作这样的预期,曾多次表达过类似的意思:"但历史往往有无法逆料的突变,如1989年东欧和苏联的变化。对历史真正有使命感的中国知识分子,对困难是应该有清醒的认识,同时也应该有坚定的信心。"他说:"没有广泛、深入的民主思想启蒙,没有公众的自觉,民主不过是空话。"这也正是他长期以来身体力行的。

在2000年6月到8月的书信往还中,他们讨论了唐德刚的"二百年出历史峡谷"说,从1840年算起,还需要四十年。对于这一预言,许先生不以为然,认为历史的变化常常是难以逆料的,唐德刚的论断并无任何科学论证,不值得认真对待。并举例说,列宁在1917年二月革命前的几个月还说过,有生之年看不到俄国会爆发革命。1989年4月之前也没有人预见到中国会爆发规模空前的学生民主运动。他又一次提及自己的乐观情绪正是基于1976年和1989年亲眼目睹的两个历史画面。

李先生很感动,回信说:"你的信好比寒夜的爝火,给了我一点光明,一点温暖。"在严酷处境中千锤百炼过的许先生身上,我们能感到一种无法摧毁的力量,这种力量是很少人具备的,在"六四"之后的岁月里曾安慰过、振奋过、激动过许多处于逆境中的人。此外,他是学自然科学出身的,任何时候都保持着极为认真、严谨的态度,对一词一句更遑论对人对事都一丝不苟。读到《风雨苍黄五十年——国庆夜独语》,他大为叫好,但也直言,此文对邓小平的分析,"似温情乏力,没有到位。"对于"提高人权是世界潮流"这一表述,他认为人权只有"有""无"问题,并无量的差别,"提高"似应改为"尊重"。李先生信赖他,几次在信中要他以三五百字写一个民主、科学"最准确、最完备"的定义,要他以最简单的文字回答民主的必要条件、民主的充分条件是什么。他说自己不习惯给一个概念下定义,只考虑概念的内涵。对于"民主的充分条件",他推敲了两天,还是觉得在"必要条件"之外寻找"充分条件",在现实世界上似乎不可能。对于民主概念的基本内容和保证条件,他早在1989年5月8日就在《世界经济导报》发表的文章中列举了八条,以六百字说清楚了。

  李先生说自己80年代"不著一字","90年代以后越来越宽松,才开始打些擦边球",也不过一年写几篇文章而已。他一再说自己只能"知其不可而为之"。这是他的心里话,如今读来,更有一种悲凉,"悲凉"、"悲观"这些词也是他不止一次提起的。在1998年3月4日的信中说:"我其实是很悲观的,我已不敢说什么'启全国人民之蒙'的话,只敢想能刺激一下'一小撮知识分子',予愿足矣。"对于启蒙首先是知识分子的自我启蒙,两人可谓不约而同。为此,许先生从80年代中期开始就和老伴王来棣一起致力于民主的研究,想以余生之力完成《民主的历史和理论》(未完成的遗作正式出版时取名《民主的历史》）。而李先生则提倡公民教育，还想编中学公民教科书。他一再表示对许先生的钦佩，称其为"坚定的民主主义者"，"在这方面，事实上当今只有你一个人可以为我之师"。

2003年1月23日，离他生命的终点已不足三个月，他写了一封长信给许先生，透露了重写中国近代史的初步意见："首先，我认为一个民族最重要的创造是其政治制度，经济、文化、国民性都由之决定。"他打算由此切入，写出一个大纲来。许先生在回信中表示认同，只是说了一句："政治制度的形成，还是受制于经济、文化等各种因素的综合作用。"这封信，当时，许先生就复印了一份寄给我。不久，我到北京，在李先生的家中闲聊时，谈起他的这一观点，我说多年前在卢梭的《忏悔录》第九卷读到过这样一番话："我已看出一切都归源于政治，而且，无论我们作什么样的解释，一个民族的面貌完全是由它的政府的性质决定的。"他说没有看到过。我相信他是在长期痛苦的思考中形成了与卢梭相似的看法，这是一个十分重要的发现，迄今还未得到中国知识界足够的重视。

民主何时到中国？李慎之离世二十多年、许良英离世十多年之后，两位先生讨论的话题不知道还有多少国人在意，世纪之交那种朦胧的期待早已化为历史的灰烬。再次重温许先生信中的这些话，心中有说不出的惆怅："我深切体会到，建立民主制，不同于专制政权的改朝换代，倡导民主者，必须以平常心，做平常人，决不可以'领袖'和'开国元勋'自居。可惜在中国，这样一个极平常的道理却知之者甚少。"

同样的话，他在给许多人的信中曾一而再地说过。"以平常心，做平常人"，在有限的人生中坚持独立思考，追求自己的理想，这八十三封质朴的书信留给世界的不是什么高深、晦涩的大道理，而是平常而真实的思想，是两个不愿苟且度过余生的心灵彼此的碰撞，因其恳切、纯粹和求真的力量，在他们已离开的岁月中依然可以不断地激起回响。

2024年12月6日

序三

民主：理想与现实的思考

——《民主启蒙对话录》读后

李大同

　　我是在一个偶然机会里看到这个通信集的。这个集子原本应该在中国大陆出版，现在却不得不在远隔重洋的大洋彼岸寻求出版，从而远离它的目标读者，这是一个令人万分遗憾的事，表明中国的言论自由状态仍处在严冬。

　　家父是1921年生人，李慎之（1923）、许良英（1920）二位先生恰好是我的父辈。阅读他们的文章，使我在他们在世时就满怀尊敬。

　　许良英先生生前我曾有机会去过他家上门采访，他对爱因斯坦的研究和介绍深刻地影响过我，以致在我主持中国青年报《冰点周刊》时，恰逢相对论发表100周年之际，发表了记者江菲采写的整版纪念爱因斯坦的特稿《不许自己沉默》。在这篇特稿里，爱因斯坦不是作为一个伟大的科学家，而是作为一个充满人文情怀和责任感的人加以呈现的，报道开篇就直接援引了许良英先生的话："他是一个虔诚的世界主义者，一个积极的和平主义者，一个热忱的民主主义者和一个诚挚的社会主义者。""他是一个怀疑一切权威的人，是一个始终独立思考的人。他一生的追求就是真、善、美。"爱因斯坦自我评价一生说道:"我所做的仅仅是,在长时期内,我对社会上那些我认为是非常恶劣的和不幸的情况公开发表了意见,对它们保持沉默,就会使我觉得是在犯同谋罪。"

这篇报道的结尾,是爱因斯坦当时极少为中国人所知的名言:"国家是为人而设立的,而人不是为国家而生存。"——这是在中国的大报上,首次对人与国家的关系给予的振聋发聩的匡正。许良英先生使我们发现了一个全新的爱因斯坦,也通过我们这些媒体人,使中国公众见识了一个全新的爱因斯坦。

那时,虽然知道许良英先生曾被打为右派,后来发起过纪念反右30周年活动的倡议,也在第一时间看到了他发起并执笔的中国政治民主化的倡议书,但总的印象,我还是把他归为自然科学领域的著名知识分子,直到这次读完他与李慎之先生的通信,才知道他在民主问题上的研究也已经非常深入,甚至是他晚年主要的研究方向。

对李慎之先生,知道得更早一些,文革中曾流传过《毛泽东思想万岁》为名的毛泽东内部讲话的结集,有好几大本,主要从被抄家的高干笔记本里搜集而成(家父记录毛现场讲话的保密笔记本也被抄走,不知所终)。在毛的这些内部谈话里,有一篇说到反右时新华社有人提出"小民主"、"大民主",认为中国应该实行大民主。在毛看来,这就是要求在中国实行资产阶级民主。这就在劫难逃了,"大民主"的提出者,很快被打成右派。我很早就知道,这个人叫李慎之,是新华社的司局级领导干部。

李慎之先生再次进入我们的视野,是大约八十年代中后期开始出现或被称为是"两头真"的一批党内老干部群体，代表性人物包括李锐、胡绩伟、于光远等人，李慎之先生也位列其中。这些人大体是1937年抗日战争开始前后参加"革命"的一批人，他们的共同特点是家境不错，入党前受过至少初中，少数高中甚至大学的正规教育，比起红军以贫苦农民、文盲为主的一代人，他们就算党内知识分子了。他们参加革命的动机，也不是红军们为了活下去，为了能有"二亩地"、"打江山，坐江山"，他们相信了中共的宣传，认为国民党政府腐败、软弱，不抗日，导致中国处于亡国的边缘，而中共所宣扬的全民抗日、要建立民主自由、人民当家作主的国家前景深深吸引了他们，他们于是怀抱救国救民的理想投奔中共，这是一头真，怀抱理想主义投身"革命"。譬如家父，就是1938年揣着100块大洋从重庆奔赴延安，投身抗日战争的，他说自己当时属于"左翼激进青年"。

这一部分人没有想到的是，投身共产党看起来是他们的自主选择，实际上正好相反，是组织严密的共产党选择了他们：首先是通过宣传洗脑，等你相信了宣传，再将你纳入组织；每一个人入党，都要求有两个"介绍人"，这介绍人承担的是考察新人的任务，在认为他们已经达到"条件"后才会选择他们入党。他们更没有想到的是，一旦你加入了这个组织，你就再也没有选择权了，你干什么，怎样干，都要无条件服从"组织决定"，延安时期，好多国统区投奔来的女大学生们，就被组织决定嫁给了那些"老革命"。由于他们是由白区来的，由于他们具有一定的文化水准和独立思考能力，他们并不受组织信任，延安整风中惨烈的"抢救"运动，就是针对这部分人的。后来搞不下去，怨声载道，以毛被迫当众道歉一风吹了事。毛始终记恨这群人，1956年家父一个发小作为中共八大代表进京开会，会议中间到家里来看望老友，说在八大中央委员名单的酝酿上，传达了毛的指示："三八式的一个也不要！"毛这是在报"抢救"运动被迫停止的一箭之仇。

毛的这个决定，实际上断送了中共党内最有文化知识和独立思考能力的一层人主掌中央委员会的可能性，从而断送了改变中共历史命运的机会。"三八式"一代干部，在中共建政初期，大多已担任地师（司局长）一级领导，少数已经进入省部级，至1956年八大，已经有七年的执政历练，如果中共八大中央委员会的至少三分之二由三八式干部组成，红军那一代农民干部退休养老，则毛"反右"、"大跃进"这种胡来很可能搞不成，与红军那代农民造反式干部相比，这批人投身革命的主要动机是救国救民的理想主义，与毛的政治基因和血脉关系相对较弱，是理性治国的重要基础。可惜，毛发动了反右运动，运动打击的党派目标是民主党派；社会阶层是知识分子阶层；党内右派，则主要以三八式干部为主，不幸李慎之、许良英先生均在其中，著名的，还有顾准等一大批人，中青报从总编辑到副总编辑进去好几个。我没听说过红军那代干部中有谁当了右派。

"两头真"一代人经过种种祸国殃民的政治运动，尤其是文化大革命的创深痛巨，幡然觉醒，重新回归他们投身革命时的理想，他们在中止毛政，推动中国进入改革开放的新时代的进程中起到了关键作用，代表人物有华国锋、胡耀邦、赵紫阳、万里、方毅、谷牧、任仲夷、项南等等，这些三八式干部开拓的新政，是中国继北洋政府之后第二次真正融入普世潮流的历史性机会。

党内四千高干讨论历史问题决议以及胡耀邦召开的理论务虚会，已经直指毛政的罪恶，开始将毛与秦始皇相提并论。可惜，这个彻底清理毛政、走入新时代的开端，因邓小平、陈云等第一代执政者卷土重来而终止，开启了毛政2.0版（政治紧控，经济放宽）的老人政治，并以六四屠杀彻底断送了中国政治体制和平演进的可能。

李慎之、许良英二位先生的通信交流，正是在这种大背景下展开的，这些通信，为我们留下一份罕见的精神遗产。严格区分的话，李慎之和许良英先生，虽然都接受过大学教育，但李的身份还是党内高级官员，许则是党员知识分子和术业有专攻的学者。

诉诸纸笔、邮票和信封的信件交流，于我们这代人早已是"过去式"了，我能回忆起的用纸笔写信的时代，还是上世纪七十年代插队的时候，大约一两个月和在河南干校的家母通一封信，报个平安，家父有四年在湖北干校，不能通信，不知生死。上个世纪末，中国开始进入互联网时代，这给我们造成了强烈的危机感，意识到再不掌握电脑和网络，我们就会被时代抛弃，成为弃儿。我还记得那时花了上万元买了一台最高配置的家用电脑，内存只有可怜的4M。按照说明书费了牛劲后，调制解调器发出几秒钟的怪声，我终于在家里独自上网了。从那以后，有了电子邮箱，有了许多网站的网友交流板块BBS，我们就基本上告别了纸笔时代。所以乍一看李、许二位前辈的通信，竟产生了很强的新鲜感，眼前不禁出现了一个英国贵族，衣冠楚楚地坐在书桌前，铺好信纸，拿起蘸水鹅毛笔，用漂亮的花式书法写信的镜头，古典而又绅士。许良英先生抱怨李慎之先生用的笔笔迹不够深，让他辨认困难,要求李务必换一支字迹更黑的笔,而李先生回复完信发现忘记换笔,忙不迭地道歉,甚至建议复印一下字迹变黑后再看,不禁莞尔。

二老的通信还有一些常人难以理解的特殊之处,两人开始通信时素不相识,通信竟能持续四五年,有信必复,直到一人离去。这种与"陌生人"的长年通信,来自于对对方"声名"的信任,不需见面,字里行间如同面晤,真是人间友情的一段佳话。

二老有共同的被打成右派的经历,有大致相同的思想觉醒的脉络,因此在许多问题上有共同见解,这是很自然的事,然而通信中给人印象更深刻的部分,是李慎之先生对许良英先生的虚心求教,而许良英先生对他认为不足、错误的地方,也给予直言不讳的评论,这对双方来说,都是一种极高的境界——求真的境界。李慎之先生病逝之后,许良英先生写了长篇的悼念文章,全面回顾甚至细数了他与李慎之先生对人、对事的许多不同意见,以我这个后生之见,许先生的批评非常剀切。

李慎之先生生前传播最广、影响甚烈的文章,当然还是他那篇振聋发聩的雄文《风雨苍黄五十年》,我至今记得初读这篇文章时感到的震撼。这篇文章的影响力,首先它是代表了中国社会上强烈要求进行政治体制改革的呼声,然而更重要的是,它集中表达了党内"两头真"一代人的真实心声,在统治集团高层产生了震动。这是自由派高官独特的社会影响力。社会上传播甚广的邓小平对美国的认识的一段话,也是通过李慎之先生之嘴问出来的,李随邓访美时问邓,为什么对美外交这么重要,邓回答,"凡是跟美国搞好关系的都富了。"邓的实用主义让他看到了"富"这个表面现象，但邓根本未能理解美国富的基础是三权分立的宪政制度、"王在法下"的法治社会、法无禁止即可行的高度民间自由，所以邓氏改革不可避免地陷入到国家（权贵）资本主义的泥坑里无法自拔。

李慎之先生在谈到中国的民主前景时，说自己有生之年能否看见，比较悲观；但对21世纪上半期实现民主，基本乐观。坦率说，悲观已是事实，而乐观未见曙光。前些年，同为党内自由派高官、前中宣部长朱厚泽先生，在《炎黄春秋》杂志的一次茶话会上，跟我们几个中青年聊天时说："我们这些人（党内民主派老人）的存在，很可能给你们造成假象，认为这个党还有希望，因为还能产生我们这些人嘛。其实，根本没有什么希望！"很明显，朱厚泽先生的预判得到了证实，谁能想到，短短十几年的时间，连邓的遗产都被抛得一干二净，中国甚至重新泛滥个人崇拜，大有重返毛政1.0时代的架势，而官方掌握的财力与现代监控手段，早已超毛时代百倍，中国不幸进入了后极权时代，能够维持多久尚不可知。

我们这代人如今已经七老八十，垂垂老矣，年富力强时，为中国的宪政民主化尽过一份绵薄之力，也为此承受个人代价，李慎之、许良英先生都属于我们精神上的引领者，他们对民主必将实现的信念，也曾是鼓舞我们的源泉之一。然而我们面临的世界的复杂程度，似乎远超过去的时代，民主，作为上一代人的至高价值追求目标，如今已经受到现实命运的挑战。阿根廷上个世纪初曾是世界上最富的国家之一，被称为"美洲的欧洲"，经过多次政权交替，终于在1983年成为稳定的民主国家，然而这个国家长期执政的庇隆主义党（正义党），推行的是民粹主义、国家干预经济、反对自由市场、外贸保护主义及高福利政策，总是能够得到选民支持，致使经济一落千丈，通货膨胀率高居不下，一度达到3000%，贫困率达40%，而100年前这个国家没有贫困人口。

再看南非。1994年南非在种族隔离时期，曾是非洲最富的国家。在曼德拉上台之后，实现了黑人多数的执政，非洲人国民大会持续受到选民支持，至今已连续执政30年。执政党主张社会平等、国家干预经济、民族主义，社会福利预算竟高达GDP的60%，然后这个国家就陷入了经济的长期停滞，腐败、基础设施崩溃、失业率高达30%（年轻人失业率超过60%），大多数黑人仍然普遍贫困。这样糟糕的治理，执政党却仍能靠福利政策得到多数选民支持。

与中共体制最相像的苏联，1991年原斯大林极权统治崩溃实现民主化以来，民主没有得到切实的发展和升级，反而自普京当政以来，又逐渐"返祖"，回到个人威权统治，还能得到多数俄罗斯选民的支持。

事实上，不仅这些"后民主"国家，即便是老牌、成熟的欧美民主国家，如今都在发生制度上的困境和挑战。曾经是新闻自由标杆的美国主流媒体，竟然集体沦为政党杀手，践踏新闻职业伦理和执业规则，公然撒谎并与大型自媒体平台连手封杀国家总统。一场俄罗斯发动的对乌克兰的侵略战争，已经打了三年，双方死伤过百万人，而国力超俄罗斯百倍的整个西方世界竟无能力终止战争。这个世界的前景并不明确。所有这些，都促使我们重新思考民主的功能与实现条件。

在阅读李、许二老的通信时，看到李慎之先生要求许良英先生对民主给出定义，还要列出民主的充分条件和必要条件，多少有一点诧异，我原以为作为一生的政治理想，李慎之先生对此应该是了然于胸的，看来并非如此，民主现实的多样性确实会使人犹疑和困惑。

在直观上，民主可以归纳为一句话，那就是"多数人的统治"，如今的民主国家，民主只表现为通过几年一次的选民投票来确定执政党，民主仅仅充当了政权合法性的标志。执政党和政府首脑一经选出，选民们其实就没有任何干政的权利了，于是为获得选票，参政党可以说花样百出，其中最重要的，就是以高福利的承诺来收买选民。各国的经验都证明，选民可以被收买，可以被操纵，可以被胁迫，可以被蒙蔽，于是我们看见许多"最坏的民主"。

最坏的民主其实与专制极权殊途同归，它不仅会形成多数的暴政，也像专制政权一样功利与短视，只追求眼前利益，"在我死后哪怕洪水滔天"。"坏的民主"，实现起来很容易，像俄罗斯这种"民主国家"，选民大多数甚至支持普京发动的侵略战争。

而好的民主，我以为确实需要一些条件，保障一国国民的基础福祉，大致需要有这些条件：神圣不可侵犯的人权（生命权、财产权、人身自由、表达自由、信仰自由、结社自由等）；一个层层自治的社会自组织结构；一个没有任何人可以凌驾其上的法治体系；一个不受政府与政党控制的媒体环境（包括专业媒体与自媒体）；军队与警察不允许介入国家政治，只效忠宪法；高度普及的公民教育以及一大批合格的公民，等等，这些条件哪些是好民主的充分条件或必要条件，需要社会持续思考并获得共识。

也许，英国治理下的香港可以给我们以启发，这是一个没有民主却有高度自由和法治的社会，百年内从一个破渔村发展为高楼林立的国际大都市和金融中心、贸易中心和航运中心；如今高度发达的新加坡，也基于英国治理的遗产。先有自由和法治，再建民主，或许是后发民主国家的合理发展秩序。

我们这代人，应该继承李慎之、许良英先生的思考，为中国的和平演进做出贡献。

2025.2.

许良英、李慎之通信集

慎之同志：

前几天华贻芳同志来，不巧我出去了，他在我家门上插着大作《中国传统文化中有技术而无科学》，并附言，希望我读后给你回封信。今天抽空细读了大作，并按他所留的地址，给心仪已久但无缘谋面的你写这样一封信。

你的文章的基本论点，我完全同意，并且深有同感。对我国上下把科学与技术混为一谈的错误，及其所产生的严重恶果，我前几年写过两篇文章，予以揭露。现随信附上，请指正。你的文章是从另一个角度来审视，扩大了我的视野。我原来是学物理的，没有读过古书，20年前从农村回到科学院，研究的是世界近代、现代科学史，没有精力去过问中国古代科学史，李约瑟的著作只读过很少几篇，你说20年前《参考消息》上的文章，我已无印象。他文中说的中国古代"有技术而无科学"的论断，似乎与他在别处所说的并不完全一致。他的传世巨著就名为"Science and Civilization in China"，其中天文部分名为"The Sciences of the Heavens"。显然，"科学"这个概念含有两层不同的内涵。浅层的，是指关于自然现象及其变化规律的知识；深层的，是指由上述知识所组成的严密的逻辑体系。如果着眼于后者，中国古代确无科学可言。如果泛指前者，则是有的。为了便于区分，前者可称为"科学知识"。严格意义上的科学，在科学史上称为"近代科学"，是把系统的观察和实验同严密的逻辑体系结合起来，形成以实验事实为依据的系统的科学理论。而古代科学，内容上主要是现象描述、

1998年

经验总结和猜测性的思辨，形式上是直觉的、零散的。五四时期所呼唤的科学，显然是指近代科学，尤其是科学精神和科学方法。因此，你对冯世则的批评完全是正确的。

你文中引述李约瑟所说的，中国没有科学的第二个理由是没有发展出以数学作为各门科学的共同语言。在别处我曾见到过，李约瑟和另一些人把数学方法作为近代科学的标志，我认为这个论点是经不起推敲的。只要看一看生物学就清楚了。达尔文的进化论用了多少数学？它不算科学吗？我觉得还是爱因斯坦的说法比较合适。他于1953年给 J. E. Switzer 的信中说："西方科学的发展是以两个伟大的成就为基础，那就是：希腊哲学家发明形式逻辑体系（在欧几里得几何中），以及（在文艺复兴时期）发现通过系统的实验可能找出因果关系。"他接着指出："中国的贤哲没有走上这两步"。

你文中引述吴大猷的一段话，很有意思。但他说有具体目标的探索就是技术性的探索，似乎失之宽泛。因为科学探索多数是有具体目标的。如把"具体"改为"实用"则较妥帖。

你说英文 truth（真理）这个词是"价值中立的"，是近代中国人把他变成"有崇高价值的词"。我的理解不是如此。我可以举出三个例证：① Einstein 在1930年的《我的世界观》一文中说："照亮我的道路，并且不断地给我新的勇气去愉快地正视生活的理想是善、美和真。"而真、善、美几千年来一直被西方人视为最高的人生追求。②哈佛大学的"校训"就是"真理"（拉丁文 veritas），它不可能把价值中立的词作为激励学生的校训。③"求真理"在自由、宽容的社会，应该是纯智力操作的问题，但在不是完全宽容的社会，即使在古代雅典的民主社会中，"求真理"必须克服精神上和物质上的种种困难，以及外界的压力和干扰，甚至要冒生命的危险。科学史中有无数为真理而献身的先驱。上火刑的 Bruno 和被终身监禁的 Galileo 是大家都熟悉的例子。

以上意见是否得当？望回复。

祝好！

许良英

1998年2月27日

1998年

良英同志：

收到来信和大文，深为感佩。

我知道李约瑟有一个"李约瑟问题"（虽然未看到原文），我的文章属于"冒叫一声"，实在憋得太久了，不能不一吐为快。

我对我的记忆本来也没有百分之百把握，到底二十多年了（好像是江青叫新华社发的）。可是我有一条强有力的反证：我不是一个搞科学的人，而认为中国古代科学没有严密的逻辑，没有体系化、数学化这思想是怎么跑到我的脑子里的呢？想来想去，拼命回忆，也只有推到李约瑟头上了。

我是文章写完以后，才开始看李约瑟的巨著的，已经看了一半，又因为忙而暂时放下了。我的印象是李约瑟十分博学又极端亲华。凡一件东西，中国与外国可能同时发生的，他必判给中国。读其书，可以明显地感到他的这种情绪甚至偏见。可是这话是我们做中国人的几乎不能说，说了就有卖国之嫌。怕的还不是官方压制，而是群众情绪。

你提的意见，我全同意。其实我在写那篇文章的时候就已经意识到了。就以科学与技术的分野来说吧，实际上已经越来越分不清了。科学实验要求的技术装备已越来越复杂。科学中有技术，技术中也有科学，要硬分越来越不可能又无必要，中外一样都把做研究的人叫做"科学家"＝scientist，但是我还是要冒叫一句，想的是叫中国人多想一想（这也是"知识分子自大狂"，实际上在一个12亿人的国家，几乎是不会引起"任何"反响的）。

再说数学存在的问题，我还注意到与牛顿同时的瑞典人林耐就是因为发明动植物分类命名法而被有些国家与牛顿一样被尊为"近代科学之父"的。林耐用了多少数学？

我所以要冒叫一声，是为了要让人注意到中国文化与西方文化的根本差别，西方（以希腊为代表）从源头上就重视求真，中国从源头上就重视求善，这个差别经过几千年的发展，差别实在太大了。这些话其实是老生常谈，不过中国现在已经成了市侩社会，已没有多少"老生"了。

真善美是西方哲学的最高价值标准，中国古典只讲善美，是不怎么讲真的。美、善天生就带有价值上的好恶，真就不一定。我把真说成是价值中立的，在内心讲正是想把它作为最高的价值。美、善不讲真就失去了基础。你引哈佛大学的校训中有"真"，我的母校燕京大学的校训是"因真理得自由以服务"（Freedom through Truth for Service），我以为是世界上最好的校训。不重视"真情实况"，文化大革命的发动者还以为他在做"最大的善事"，"画最新最美的画图"呢！

明年是五四80周年了。朋友们在研究怎么"回到五四，重新启蒙"。虽然这样想的人实际上只有"一小撮"，但是其中绝大部分又只注意到五四口号之一"民主"，而忽视五四的另一个口号——科学。他们好像认为科学是"不言自明"的东西，在中国已经生根了，官方也从来没有"批判过科学"，有些不正常的干预，也都是因为没有民主造成的。但是我认为"科学"在中国根本就没有生根，有些科学家甚至"院士"，有多少科学精神，我也很怀疑。我想当今的中国也许只有你能写阐明"科学精神"的文章。华贻芳正在编一部《中国启蒙文献精选》，我先托他请你写一篇专门阐明科学精神的文章，阐明它与民主相互为用缺一不可的道理。

我其实是很悲观的，我已不敢说什么"启全国人民之蒙"的话，只敢想能刺激一下"一小撮知识分子"，予愿足矣。

去年此时在德国中风，所好并不太严重，康复也还可以，还可以读书作文。但是字写着写着就潦草不成样子了，请原谅。敬礼！

李慎之 上

1998年3月4日

慎之同志：

　　3/4 信收到，读后很受鼓舞。感谢你对我的信任。这种无拘束的思想交流，是一大精神享受。碰巧，昨天又读了你为《顾准日记》写的序，备觉亲切。遗憾的是，以前我对你了解得太少，只知道你也曾和我一样被错划过右派；十多年前听茅于轼说，你在美国所说过一句精彩的话："现代化就是美国化。"八年前听说你因"六四"屠杀，愤而弃官，令人肃然起敬。现在我希望能够对你有更多的了解，同你更深入地交流思想。如果你同意，请赐寄几篇你认为可以帮助我了解的文章。为了让你对我有进一步了解，随信附上去年和五年前写的三篇短文。

　　你说启蒙首先是要启知识分子自己的蒙，与我不谋而合，1993年我写的一篇短文也强调了这一点。

　　燕京大学校训"因真理得自由以服务"，前半句我能理解，后半句我不理解，"自由"与"服务"有什么关系呢？望解释一下。

　　我的母校浙江大学（我是 1942 年毕业，当时在贵州）的校训也与真理有关，只有两个字："求是"，由于浙大的前身是创立于 1897 年的"求是书院"（陈独秀是求是书院第一期学生）。校长竺可桢对此有极精辟的解释："求是"就是"排万难冒百死以求真知"，因此，求是精神必须具备牺牲精神。

　　你们提出"回到五四，重新启蒙"，这一口号非常好，我愿意为这一任务尽力。华贻芳要编《中国启蒙文献精选》，我当全力支持。不过，我们已几个月未见面，不知具体计划如何。你要我写阐明科学精神的文章，我当然愿意。如果要写，我很想同时谈谈民主与科学。因为最近十几年，我主要精力用于学习、研究民主的历史和理论，在这方面考虑得比较多。暂写到这里。致

敬礼

许良英
1998年3月7日

良英同志：

收到来信与大文，深感欣喜。

寄上两篇文章，也许可以增加你对我的了解。

一篇是《"大民主"与"小民主"》，去年此时写的，9月发表在《百年潮》上，后为海外报纸（《联合报》系的）转载。中间颇有一些"秘史"，我想是你所不了解的。全国了解的也没有几个人，大部已故去，还活着的只有两个，一个已患老年痴呆症（就是王飞同志），一个是知道也不敢说的。

"因真理得自由以服务"是相连贯的。你明白必须有自由才能得真理，但是得了真理不（仅）是要服务于人类，比如科学家宣扬真理，也是一种服务的方式。但是你应该已从华贻芳给你的我那篇文章中知道，我心目中的"真理"是价值中立的。"真理"两个字本非中国固有，而来自佛经，因此已带上了价值色彩。共产主义就其原始的意义讲（如《共产党宣言》所说）已是一种应用真理，真理一旦应用，就有了很大的出错的可能，这一点在我们青年狂热时期是不了解的，到后来才懂得。"真理"一词因为汉语双音化的大潮流，已无法改译为"真"一个字，这也是无可奈何的事情。不过社会科学中本来就没有自然科学中的那种真理。"自由主义"是"真理性"最差的一个"主义"。

《顾准日记》竟出了一些误会。我因此不得不再写一篇《补充》，寄上呈正。

你看顾准日记序，想必已经注意我提到顾准和百年来的中国知识分子实际上追求的是"自由主义"。去年7月，我写这篇序的时候还不见有人提起，现在注意这一点的青年学者渐渐多起来了，使我感到欣慰。但是中国的传统，尤其加上近五十年的传统，使我感到提倡民主实在是夜长梦多。这就是我所以慨叹于中国人的"公民意识"的原因，反正也只有知其不可而为之了。

从"大民主"与"小民主"一文中，你可以看出来，我本来是一个"红干部"，但是还是被划了右派。头两年，我在思想深处竭力要说服自己：只有党对，不容我对。但是到59年底、60年初，我算是彻底觉悟了。我用了《封神榜》里哪吒的一句话对自己说："削骨还父，削肉还娘"。我看到有许多人当右派真是冤枉。但右派是思想罪（甚至不是言论罪），就思想而论，我是真右派，根本与毛泽东思想背道而驰，不可能调和。这样一想，也就"心安理得"了，思想也就如你所说的不再扭曲了。

根据我自己的研究，毛主席决定反右就在批评我的"大民主"的时候，即八届二中全会，即波匈事件时。但我还缺少在此之后毛的多次"煽风点火"（也就是放长线，张大网，准备捕大鱼）的讲话的原文。你说他有九次讲话，但是我始终没有收集完全。不知可否陆续地寄给我。

我不准备写回忆录，今后关于反右唯一想写的文章是《毛主席是何时决定引蛇出洞的？》

你说的陈沂是右派变成左派，其实他本来就是左派，毛主席在《正处》[1]讲话中批评的陈部长就是他，他是因为受到批评，被迫鸣放，才成右派的，真右派而被"打成"左派的也有，如邓拓。

---

[1]《正处》讲话，即毛泽东1957年2月27日在最高国务会议上所作《关于正确处理人民内部矛盾的问题》的讲话，6月19日该讲话在《人民日报》上发表，在当时的党内、知识界、国际社会都产生了重要影响。

我知道你现在的兴趣在民主方面而更甚于科学方面,但是现在着意研究民主的青年人(也都在五十上下了),还有一些,他们年富力强,在学理上比我深入系统,但是在科学上,特别在科学精神上下工夫的,至少以我之孤陋寡闻,还一个都举不出来,至少在面向大众的报刊上,我没有见到过一篇。我所以在《中国经济时报》上冒叫一声,就是因为这种情况。所以我要请你多写些文章,不过你的名字,恐怕这些报纸不敢登,但是书上发表还是可能的。其实如果你著文专门批评我的科学观之粗浅,也许《中国经济时报》还能发表,这对加深国人的认识也是有好处的。

　　就写到这里,我自一年前中风后,虽还能读书作文,但效率已大减,写字时手已发抖。草草不恭,请原谅。敬礼!

李慎之
1998年3月11日

1998年

慎之同志：

3/10信收到多日了。两篇大作读后受益非浅。特别是《"大民主"和"小民主"》一文，使我知道这两个令人费解的名词（我至今不认为这两个名词是合乎科学的；我也不同意Aristotle"极端民主"这一说法），原来是你发明的，也成为你被错划为右派的主要原因。这样的回忆文章非常有价值，希望你能尽量多写一些。我很想进一步了解你是哪一年生的？在燕京哪一系毕业？哪一年去延安的？看来，我们年龄相仿，但经历很不同，很有必要加深相互了解。

毛泽东1957年3月间鼓动"鸣放"的九次讲话，我已找出来，是文革时造反派印的，中间有重复，总共二百多页，昨天华贻芳来，我已请他复印，再直接送给你。

关于"五四"以及科学与民主的文章，以前我写过几篇，其中三篇有现成的复印件，现随信附上，很想听听你的意见。我的思想，1974年有一次大转变，1987年前后也有很大变化。1987年以前我还认为自己是马克思主义者，在农村我曾通读了39卷《马恩全集》，1987年开始，我解脱了这个框框。

你说有一些五十上下的"青年人"在着意研究民主，这一信息使我非常高兴。因为十多年来，我是和老伴王来棣（近代史所的，原浙大地下党员，以前专门研究"五四"、党的创建和辛亥革命）两人孤军作战，非常艰难（因为我们原来对世界历史并不熟悉），很希望有年轻的同志合作。

回忆录前几年我也在写，写到1958年，就因为忙于别的事搁下了。关于反右部分，写了二、三万字。我的回忆录，主要是反思自己的思想的演变，为研究我们这一代知识分子的后人提供一份素材。

暂写到这里。

致

敬礼

许良英

1998年3月22日

1998年

良英同志：

今天收到3/22大函，同时又收到华贻芳转来的九篇文章的复印件，十分感谢。但是，加上你自己的文章都还没有看。如果时间容许，我将在4月份着手研究并写作《毛主席是什么时候决定引蛇出洞的》（我的初步意见就是在波匈事件正闹得起劲的八届二中全会前后），只是这篇文章写出来大概是登不出来的，不像那一篇。

你问我的经历：我是1923年生，抗战开始时正好初中毕业，然后随家在上海避难。1940年高中毕业后，本拟赴内地，不料已患上了肺病，只得改上北京的燕京大学（以那时的中国来讲，可能是最理想的养肺病的地方了），但是因为病转重，还是上不成，在上海经医院养病一年后，1941年才能北上，又不料到12月8日日本空袭珍珠港，我们被赶出校门，第二年从上海辗转到成都，仍上燕京大学，1945年毕业。又干了一阵中学教员，于1946年3月到重庆新华日报，5月又因为新华日报要把总馆迁沪，而到上海筹备出报，无奈总是出不来，终于在10月份撤回延安，然后在太行、石家庄，辗转进北京，1957年划右派。以后的情况，你可以猜想。稍有不同的是，我到1959年以后即明白自己确是右派分子，与毛主席的思想针锋相对，因此也就心安理得。下放干校时我没有把马恩列斯全集都带走，而是尽量搜罗单行本带走，供"天天读"之用，但精神上是为了"脱魅"。

寄给你的两篇文章是我最近写的，一篇提出科学与民主是中国区分传统与现代的界标,一篇提出要重新启蒙与极左路线的根源,以后还要做这方面的研究。今年是北大建校百年庆,大概有人要提出北大传统是"爱国主义",我则要提出是"自由主义"。已在北大讲过一次,今后还准备发为文章。明年是五四80周年,要重新强调科学与民主,同时提出再启蒙。请指教。

专此即致

敬礼!

李慎之
1998年3月25日

两文均已投《传统文化与现代化》,即将先后刊出。

1998年

慎之同志：

昨天接到 3/25 信，一口气把两篇大作读完了，不过评朱高正一文读得很吃力，因为复印得不清楚，要用放大镜（我 1985 年患视网膜脱落，左眼视力为 0，右眼不到 0.1），也加上我没有读过正经古文（除了初中时自学过《古文观止》中的一些文章），有些古色古香的文句读不懂。你的信，用放大镜看了三遍，感谢你当天就给我写回信，并相当详细地介绍了你的经历。由于我没有学过草书，信中有两处，我和老伴看了五、六遍也猜不出来。只好再请教你了。这就是："下放干校时，我没有把马恩列斯全集都带走，而是单行本带走，供'天天读'之用，但精神上是为了'脱魅'"。请你告诉我：我划的四个字是什么字？"脱魅"是什么意思？

为增进相互了解，我也应向你介绍我的简历。我 1920 年生于浙江临海农村一个小地主家庭，5 岁进当地小学，没有读过古书。九一八开始，天天读报，害怕要做亡国奴。从小爱读课外书，尤其为自然科学所吸引。因家境困难，1935 年初中毕业后不能上普通高中，进了浙大高工电机科。1937 年 11 月，日寇在杭州湾登陆，学校搬到建德，一个月后就解散了。无奈回家自学一年，读了 Einstein《我的世界观》和一系列介绍当代物理学的通俗读物，产生了狂热的兴趣，并开始接触马克思主义哲学。后进浙大物理系，梦想做一个"当代物理学权威"。当时浙大已迁到广西宜山，1940 年又迁到贵州遵义，我的思想也开始转变，决心做一个"人"，投身革命。1941 年皖南事变，激起我极大的义愤，一心想参加共产党。但当时浙大没有一个党员。1942年毕业后即去桂林找党的关系，未果，在那边当了两年中学教员。

湘桂战事起，流浪在桂黔山区，后奉王淦昌先生召（他当时是浙大物理系主任，曾在贵阳日报上登广告召我回去）回浙大任助教，1945年7月到重庆新华日报馆，解决入党问题，可惜那时你已经到了上海。9月我离开重庆，经南京时曾到过梅园新村找李晨（他1943—46年间在浙大电机系学习，大概是同你一道撤回延安的），10月在上海参加鲁迅逝世10周年纪念会，听到周恩来同志讲话，当时你可能也在场。1947年我任浙大地下党支部书记（浙大支部1947年2月才成立），后任杭州工委委员，直至杭州解放。1949年5月杭州一解放，就调新成立的杭州市青委工作，先是党工科长，后是学生部长（那时乔石是宣传部长，但因性格各异，从未有个人交往）1952年调中国科学院，负责全院出版物的政治把关（在此以前，科学院出版物常出"政治错误"，多次遭中宣部批评）和《科学通报》编辑工作。1956年我要求调到新成立的哲学所从事自然科学哲学问题研究，以为这将是我的终生工作，想不到一年后我成为极右分子。我同你一样，也受到四类处理，要我去密山农场监督劳动。我思想不通，选择了"自谋生路"，实际上这是死路，爱人也被开除党籍，我只好一人回老家，靠劳动工分养活自己和老母，1978年才回科学院。我原来一直迷信毛泽东和党，以为党报绝对不可能讲假话，文革初又是提着脑袋支持造反派。1974年在北京耳闻目睹"批林批孔"中江青和毛泽东的表演，才醒悟文革是一场大骗局。我的觉悟是太迟了。但当时还迷信马列，以为毛泽东和斯大林是背叛了马克思。这个迷信直至1987年才破除。王若水说马克思主义是"唯人主义"，我认为是经不住分析的。

现在谈谈你两篇文章的读后感。两文的论点我都非常赞同，从文中可见你的知识面和眼界都非常宽广，尤其是对中国传统文化的素养令人钦佩。评朱高正，许多古文我看不懂，也不想多花功夫，因为从你的介绍看来，他显然是个狂人，有点像李敖，不值得去认真对待。你驳朱高正、林毓生、余英时等人的反五四谬论，实在十分必要。他们这种思路当然与"反共情结"有关，但1988年陈鼓应告诉我一个深层的原因是：1949年蒋介石败退到台湾后认为共产主义和马克思主义都是外来文化，必须用中国的传统文化来抵制外来文化，因此，从小学、中学都强迫读孔孟之经，不让学生了解五四和新文化运动。80年代杜维明在北大讲学鼓吹新儒家时，承认自己是到了美国后才知道有五四运动的。这批从小就中毒很深的人，对五四当然很反感。奇怪的是近年来王元化竟也附和起他们来。

你说"激进主义"就是"极左路线"，认为秦始皇也是"极左"，这两点我都无法理解。我认为，"激进主义"和"革命"一样都不是贬义词，而余英时、李泽厚之流却对之咒骂不绝。余英时在一篇谈论辛亥革命的访谈中竟然吹捧慈禧和袁世凯，否定辛亥革命。连最温和的自由主义者Locke和美国《独立宣言》都确认推翻残暴的政权是公民的权利，我们没有理由把蒋介石训导出来的新儒家们和跟风者李泽厚（此人在四十多年前我就有所了解）的谬论当真。

《什么是中国的现代学术经典》一文使我增加了不少知识。我孤陋寡闻，近年只订了《读书》、《随笔》和《文汇读书周报》，不知有人有如此胆量要编《现代学术经典》，对这股时髦的浮夸风（遗憾的是，像季羡林这样的老人也热衷于此），泼泼冷水，实在很有必要。你的批评十分有力，让人感到痛快。文中透露钱基博是你同乡，想必你是无锡人，并且出身于书香门第，家学渊源，不像我的父母都是没文化的，小时的生活像个野孩子。你对钱基博和冬烘马一浮的评价令人折服。你指出，作为科学基石的"为求知而求知"的精神，至今仍未被国人重视，是一针见血的。我虽然1938年精读过Einstein的文集《我的世界观》，向往为求知而求知的境界，但不久接受了Marxism，认为生产是起决定作用的。1956年我写的小册子《科学和我国社会主义建设》（1957年人民出版社出版），开头就引了毛泽东的话，认为自然科学是生产斗争知识的结晶。1974年破除了对毛泽东的迷信之后自然也摆脱了这一教条。1978—82年我们研究室集体编写《20世纪科学技术简史》（科学出版社1985年出版，今年将出增订版）时，我在《结束语》中就提出："不能认为生产实践是自然科学的唯一源泉，希腊哲学家亚里士多德早在2300年前就认识到'求知是人类的本性'。"可是我并没有就此充分展开，也没有撰文专门论证这一论点，你今天的批评实际上是对我的批评，我乐意接受。至于邓小平所说的"科学技术是第一生产力"，这一概念是错误的。因为科学本身不是生产力。以前寄给你我1988年的文章就是对此而发的。

接下来想同你讨论你文中涉及的几个问题。

在英文中，与中文"学术"相对应的恐怕是learning，20年前在图书馆中看到过一本英文的关于世界各国学术机构的名册，我记得就是用learning这个词的，相当于德文wissenschaftss。梁启超、严复强调"学"与"术"的区别，很能发人深思。但也要看到，对"术"的深入研究，自然也成为一种"学"，"技术科学"（technological science）就是这样产生的。我在高中时读过的大部头的《电机工程》和《无线电工程》（都是英文的）都是很有"学"的意味的，涉及很多物理、数学知识。

你赞赏华罗庚先生说的"文科学生的书越读越厚，理科学生的书越读越薄"。这样的话我以前从未听说过，但我不敢苟同，因与历史事实不符。不妨以 Newton 和 Einstein 为例。Newton 时代，物理学方面可读和必读的书少得可怜，Einstein 时代就完全不同了。Einstein 所以能提出相对论，决不是由于他一个人苦思冥想，而是由于他读了大量物理学、哲学方面的著作，使他比当时的物理学家站得高，看得远，视野更为广阔。他 13 岁读过 Kant 的书，大学时和大学毕业后几年读过 Mach Spinoza Helmholtz Riemann Humboldt 等人的代表作，1905 年他完成了六篇论文，在三个不同领域取得四项历史性成就，相对论是其中最重要的。也就在这一年，他还发表了 21 篇书刊评论，内容涉及当时理论物理学前沿的所有重大问题。正是这种宽深厚的知识基础造就了 Einstein。如果华罗庚真的说过那句话，只能表明他对科学史相当无知。并请注意，数学并不是科学，很多数学家缺乏科学精神，好信口开河。

你前次给我的信中和这篇文章中都提到林耐和牛顿一起被尊为"近代科学之父"。这个说法，我以前也没有听说过，恐怕缺乏根据。我从青年时代至今，常听人（包括 Einstein）说伽利略是近代科学之父，理由是他创建了系统的实验方法，这是近代科学的主要标志。牛顿（1642—1727）是伽利略（1564—1642）死后十个月才出生的，林耐（1707—1778）更要迟，自然轮不到他们了。林耐倒真有一个"父"的称号,那是"The father of precise biological classification"("精密生物分类之父")。

你文章最后对王国维、陈寅恪的人格的评价,我总觉得有点偏高,尤其是对王国维。记得十几年前读到蔡尚思评王国维的文章(大概在《读书》上),说王是他的老师,王并不是一个真正有独立自由思想的人,他对溥仪称臣,并以为荣。他在北伐军进北京城前夕投湖自杀,不是单纯的思想自由问题。陈寅恪一生远离政治,比王国维清高得多,他在西方学习、生活了十几年,对西方现代化文明无动于衷,而迷恋于中国传统文化,这有背于中国知识分子所继承的最宝贵的传统精神"天下兴亡,匹夫有责"。因此,尽管他是一位令人尊敬的正直的学术大师,但他的精神境界不及他的祖父和父亲。至于你文中说的"以身殉学术而决不向政治权力低头",坚持新人口论的马寅初的表现,比陈寅恪更为可歌可泣,王国维就谈不上。不知你以为如何?

信写得够长了,就此结束吧。附上近作一篇,便于你了解20多年来我的一些情况。

敬礼

许良英
1998年3月29日

良英同志：

近来看了几本反右的书，有人身为"右派分子"还认为毛号召鸣放，是出于真诚。由此刺激，写了此文，请不吝指正。

谢谢你给我的文章，帮助很大。

李慎之
1998年8月23日

此稿拟投《百年潮》，它虽然号称胆大，未必敢登也。

良英同志：

一个多月前曾寄上《毛主席是什么时候决定引蛇出洞的？》文稿一篇，同时附函表示：①感谢你寄给我的材料使我得以草成此稿；②征求对此稿的意见。久不蒙复。日前华贻芳同志过访，他估计你也许并未收到此稿，因为全文12页，比较厚重，容易丢失。因此，我又托他给你带一份去，想来已经达览，我等待着你的意见。

此稿曾请文献研究室与党史研究室作专门研究的同志核实资料，他们认为无问题，而且同意我的观点。

我的观点可分两个部分：①事实部分，即毛的决策过程与思想情况；②理论部分，如人民内部矛盾只是作为钓饵，此外并无任何特殊意义，反而成为中国实行宪政的障碍。特别是第一部分要请你多提意见。

我目前忙于搞一些其他事情，计划从明年开始写一篇文章《李约瑟难题是一个伪问题》。李约瑟热爱中国，以半生精力发掘中国古代科技成就，出了一部大书，这当然是一件好事，然而把中国人搞得神魂颠倒，则实在不是什么好事。现在的爱国主义者，都大谈中国如何领先世界二千年，东方文明如何伟大等等，我实在不敢苟同。但是我于自然科学实在无知，对科学史更是无知。只是出于一种责任心，觉得不能让中国人目迷神醉，忘其所以，所以才发此愿心，希望你能给我指导和帮助。

我目前正在（看）捷克著名的戏剧家、持不同政见者、天鹅绒革命后即任总统的哈维尔的选集,并应翻译者之请为之作一长序。哈维尔对极权主义的批判是十分深刻的,但是居然在考虑如何取代它的时候提出也可能转向东方思想,虽然是只有一句,但东方思想(实际上指儒家伦理与老庄思想)流毒(请恕我用这两个字)之广,可以想见。在国内则更是与统治者交相煽惑,对人们起了很大的麻醉作用。

年老病后,腕力控制不好,字迹潦草,请原谅。敬礼

李慎之

1998年10月10日

慎之同志：

10/10日信收到了。本来想待见到华贻芳后再给你写回信，可是等了五天未见他来（我已两三个月未见到他了），只好先写这封信。

首先允许我向你提两点请求：①请不要继续把我的名字许良英的"英"字写成"瑛"。②我1985年患过视网膜脱落，视力极差，左眼视力为0.0，右眼为0.1，看笔迹淡的字，即使用放大镜也非常吃力，以后给我写信，请尽可能用深色的浓笔写。不知这两个要求是否有点过分？

8月间寄来的大作《引蛇出洞》是及时收到了的，所以没有给你写回信，是出于两个方面的考虑。首先觉得你这篇文章写得很好，指出支配毛泽东行为的是他满脑子的权力欲，非常中肯。如果一定要我提意见，我只有两点可提可不提的次要意见。其一，文中没有反映毛泽东一贯敌视知识分子的心态，而反右主要是整知识分子。其二，文中始终称毛泽东为"毛主席"，这在十年前是很自然的，我自己1986年写的两篇文章也如此。但在思想更为解放的今天，已很少有人还这样称呼毛了，相反会使人刺耳。由于这两点意见都不是原则性的，不是非提不可。

其次是因为你8月的信中仅附了一个便条，对我3/29信未作任何反应，令人失望。那封四千多字的信，我是花了两天时间，不仅对你的几篇文稿提了不少意见，而且对十多年来在海内外被炒得很热的"新儒家"，以及王国维、陈寅恪、王元化、季羡林等走红的名人提出自己不恭敬的看法。由于你对"五四"持完全肯定态度，而且又当过"右派"（还是"极右"），我以为我们之间会有很多共同语言，可以深入交流思想，于是把多年来积在心里的东西都兜了出来。你不给我回信，很可能是因为你根本不同意我的看法。北大百年校庆前夕，有人告诉我，你在一个座谈会上说自己是"半个新儒家"。如果真是如此，我那封信显然无意中也刺痛了你。这使我感觉到，我们之间要真正交流思想，会是很困难的。不过，无论如何，我还是希望你对我 3/29 信作个回复。

你说自己是"半个新儒家"，表明你还有半个并不是，根据求同存异原则，我们之间还是有可以合作的领域。你 10/10 信正证明了这一点。

对李约瑟的看法，我们是一致的。你说"李约瑟难题"是一个假问题，是一针见血。这个所谓"难题"，我在大学三年级（1941 年春夏）就已经解决了。那时李约瑟还未到过中国，也还没有这个难题的影子。我是在一个由我发起组织的科学团体中提出讨论中国为什么科学不发达，为什么产生不出现代科学这个问题的。我们是从社会经济（小农经济）和文化（儒家传统）等方面来回答了这个问题的。我们的校长竺可桢在 1946 年的《科学》上还发表了一篇很有分量的论文《为什么中国古代没有产生自然科学？》。由于这个问题早已有明白答案，我觉得李约瑟难题是庸人自扰，引不起我的兴趣。对此，Einstein 1953 年也曾作过精辟的阐述，见《爱因斯坦文集》第一卷 p.574（1976 年初版译文有错，1979 年重印时已改过来）。李约瑟却大不以为然。

对于哈维尔，以前我一直是很尊敬的，以为他是人类进步思想的代表者，最近才知道他原来是个反理性、反科学的后现代主义者，他不仅反对极权主义，也反对现代化。这与他的荒诞剧作家的身份是完全相符的，但作为一个现代国家的总统就太遗憾了。他迷恋东方思想，表明后现代主义者的穷途末路。李约瑟也一贯吹捧所谓"天人合一"和机体论的道家思想，认为这是科学思想的出路。他被自己的复古思想搞糊涂了。

希望能早日读到你的这两篇文章。

此致

敬礼！

许良英

1998年10月17日

1998年

良英同志：

收到来信多日，不过我于10月下旬有成都之行，兼以杂务甚繁，迟至今日始得复信。

写到这里又发现，你要求我用墨色深的笔写信，于是换笔，不料此笔下水不畅，只得改回原笔，可能不清楚，请原谅。又我中风后握笔不牢不稳，写字不整齐，并请原谅。

关于引蛇出洞的文章，你的两个问题，一是敌视知识分子问题，这是马列主义的一贯立场。我在写了《大民主与小民主》和《引蛇出洞》两文之后，准备翻箱倒柜把反右时我的检讨和批判材料找出来，再写一篇反右杂忆和一篇反右杂论与四十年的一场噩梦告别，再论及此事。关于"毛主席"，我的意思是人们称嬴政为秦始皇一样，下两篇文字即拟改称"毛泽东"。

我到现在也还是半个新儒家，因为第一我相信陈寅恪的话，即创造新的历史必须与旧的传统接轨。第二，对传统必须有鞭辟入里的批判。我自以为已经懂得新儒家了。我的几篇谈论天人合一的文章其实都是对季羡林和民族主义分子的批判，所以我们不是一半相同，一半相异，应该说是基本相同（我不赞成"完全相同"）。

哈维尔的文章已写出，由于他的后现代主义思想，写这六千字真是苦了我，因为文字晦涩曲折，硬是花了我一个月的时间，但是我仍然肯定他。他当上总统以后的讲话，要好懂得多，要给老百姓讲话，他原来那一套是不行的。

有一点我是同意 Havel 的，可能与你会有分歧，即我自以为是一个理性主义者，但是恰恰是彻底的理性主义不能否定神秘主义，不知你以为如何？

华贻芳回来后，我还是要你多给我找些驳斥李约瑟的材料。李约瑟以其"巨著"已经"推翻"了你和竺可桢、冯友兰的结论而成为中国狭隘民族主义的一面旗帜。我学力不足，写作艰难，但是只要不死，总是要把文章写出来的。

过两天要出门一次，杂事又总不断，未能长谈，只好写到这里为止。敬礼！

李慎之

1998年11月11日

1998年

慎之同志：

11/11信收到多日了，由于要赶写一篇文章，后又病了多日（感冒）迟复了。

你说自己"现在也还是半个新儒家"，但从你给我的信和一些文章来看，你的立场与新儒家相去甚远，甚至是相反的。首先，你是坚持"五四"的民主与科学的启蒙精神；其次你坚决反对民族主义和夜郎自大的心态。你认为"对传统必须有鞭辟入里的批判"，新儒家是决不会作这种批判的，如陈寅恪还不是迷恋"三纲六纪"吗？你对传统文化和新儒家都有比较深刻的了解，对新儒家可能会有某些同情，但我觉得，你的精神状态和价值观，与新儒家有原则性区别。我完全同意你所说的，我们之间"不是一半相同，一半相异，应该说是基本相同"。既然如此，你的"半个新儒家"是名不副实的，以后还是不要再用这顶帽为好。你以为如何？

读了你的《哈维尔文集》序，加深了对Havel的了解。这篇序写得有血有肉，对当前的中国会产生冲击力。我以前只读过《七七宪章》和Havel的片语只言，这个文集出来后，自当好好读一读。序中介绍Havel对存在的一种"神秘的信仰"，所引他的两段原话，我也完全同意（你预期我"会有分歧"）。因为科学探索的动力是好奇心，而好奇就是神秘感。信仰不是迷信，是对实在（reality）本质的信念，每个科学家都有。Einstein就说过："我信仰Spinoza的那个在存在事物的有秩序的和谐中显示出来的上帝，而不信仰那个同人类命运和行为有牵累的上帝。"（1929）

"我自己只求满足于生命永恒的奥秘,满足于觉察现存世界的神奇的结构,窥见它的一鳞半爪,并且以诚挚的努力去领悟在自然界中显示出来的那个理性的一部分,即使只是其极小的一部分,我也就心满意足了。"(1930)显然,理性(reason wissenschaftss rationality)并不排除直觉、惊奇、幻想和神秘。但是神秘(mystery)≠神秘主义(mysticism)。神秘主义是一种反理性、反科学的迷信。正如怀疑(suspect)是科学探索所不可缺少的,Descartes的批判的怀疑方法,Mach的批判的怀疑精神,对哲学和科学的发展都起了有力的推动作用。但如果把怀疑推到极端,成了怀疑一切、否定客观真理的怀疑主义(scepticism),就与科学探索无法相容。同样,如果把科学上的相对性(relativity),Einstein的相对论就是关于相对性的理论)推广到极端,成为相对主义(relativism),就成了反科学的谬论。江泽民去年访美前夕对Washington Post(《华盛顿邮报》)记者大谈Einstein相对论,断言人权、民主概念也都是相对的,所根据的就是这种"逻辑"。实际上,相对论的本质恰恰是绝对论,相对论的基本公设"相对性原理"原意是:自然规律不以观察者的运动状态而转移。这表明了自然规律的普遍有效性和绝对性。当该报记者电话征询我对江访谈的意见时,我即严肃指出他犯了双重错误。话题扯远了,再回到你的信上来。你说"彻底的理性主义者不能否定神秘主义",如果"神秘主义"改成"神秘",无疑是正确的。但添了"主义"这两条"足",就不对了。你序中引的Havel那两段话,并不表现为神秘主义,可是他确是一个反科学、反理性的神秘主义者。以研究Einstein著名于世的美国科学史家Gerald Holton(我与他有长期交往,1985年曾邀请他来华讲学)1994年出版的Science and Anti-Science一书(此书已由范岱年译出,即将出版)中,引述 Havel 1992 年在 Davos 的演讲《现时代的终结》和 1984 年的文章，作为当前反科学的主要代表言论。Havel 说"共产主义的崩溃可以看作是现代思想遇到了最终的危机——这种现代思想基于如下的前提：世界是客观地可知的，这样获得的知识可以绝对地普遍化。"

Havel 作为一个反极权主义的政治活动家，尤其是在《七七宪章》和天鹅绒革命时期的表现，令人敬佩。但他作为一个荒诞剧作家所伴随的非理性的、神秘主义思想，如果随意套用到现实的世界和生活，必然也会是荒诞不经的。由于这个原因，他的政治思想显得相当混乱。你序中说，"自从 Machiavelli 以来西方政治学一直把政治定义为权力的游戏"，不知这是否 Havel 的原话？这话完全不符事实。权术崇拜者 Machiavelli 虽然对后人有不小影响（如 Marx，Engels 都大力吹捧他），但没有成为西方政治思想的主流。相反，西方主流思想还是继承了 Aristotle 的传统。Aristotle 的名言"人是政治动物"和"人是理性动物"、"人是合群的动物"，始终是有识之士的共识。Locke 的名著《政府论》中就把"政治社会"等同于"公民社会"。Havel 提出"反政治的政治"，实在近于庸人自扰。

你要驳斥李约瑟难题，我完全支持。不过，我以前研究的是世界近、现代科学史，对中国科学史没有多大兴趣，手头没有什么资料可供你参考，除了 Einstein 1953 年的那段话。当然，如果你要同我讨论这类问题，我是很乐意的。

敬礼！

许良英

1998年11月27日

良英同志：

贻芳同志向我说起你给过我一封信，迄今没有收到我的答复，但是我回京一月，最近刚把四个月来的书报邮件清理完毕，并没有发现有你的信，幸好是贻芳同志把你的信复印了一份给我，原来是去年 11 月 27 日的，我还有印象，而且记得是答复了以后才出国的。既然你没有收到，我也就再答复一下。

给 Havel 的书作序（那书大概不可能出版了）中关于 Machiavelli 的话并非他的话，而是我的话。你的意思我明白。我十多年前编一套日本人的政治学百科全书，曾慨叹过"中国人几十年来对政治感兴趣，而对政治学不感兴趣"，跟你的意思是一样的，不过 politics 在西方的名誉一直不好，所谓 dirty politics。我对"政治"的意思就是这样理解的。最近美机轰炸中国驻南使馆，中国发生义和团式的反美运动，有青年人给我发 e-mail 说，觉得政治真是肮脏。我以为也是这个意思。

还有陈寅恪，他是我的老师，浑身可称浸透封建士大夫的气味，因此连胡适也称之为"文化遗民"。但是"气味只是气味"，细究他的生平志业，几次大声疾呼"独立之精神，自由之思想"，"不自由，毋宁死耳！"连五四时代的陈独秀也没有喊出这样简洁明了，可以作为口号的话。他说"吾中国文化之精义具见于白虎通三纲六纪之说……"，完全没有赞成三纲六纪的意思（而且是反对的），而是以一个中国史学家、中国文化学家的权威作出的最简练的概括,与他所说的另一句话"中国文化约略等于三教合一"之说(我以为还要加上九流,如今日之法轮功之类)同样是最权威的概括,可以省却我们后来研究来研究去还找不到门儿的混乱与困惑。陈祖父、父亲是清朝命官,虽受贬,但还是不能不守君臣之大义,陈本人即一生不向北洋政府与国民党低头,尤其是不跟共产党合作。我以为在文革结束前,他是中国最干净的一个人,比俞平伯、沈从文都更干净,更不要说巴金以下的人了。手头适有吴江一文,附呈供参考。

我要驳斥李约瑟难题,今年大概是动不了笔的了。只是我有一难题要请你帮助解决:science一字在西方到底起源于何时。希腊时代有没有?中世纪阿拉伯人译西方古书时有没有这个辞?倘蒙明教,不胜感激。

在美三个月读五四之书,最后悟出中国虽无宗教,却有意识形态,其强烈不下于宗教,而又没有宗教刺激人求真知、上帝面前人人平等的优点,这个意识形态就是专制主义、就是外儒内法,二千年来只有五四冲击了一下,但谈不上彻底,因此又以文革的名义卷土重来,变本加厉。中国至今仍在其统治下,这就是我在介绍哈维尔文章中说的"后期极权主义社会"。最理想的办法是和平进化,但是可能性几乎没有。国内外现在都没有"爱国志士",有的只是利禄之徒。你说我关于哈维尔的文章"对当前的中国会产生冲击力",但是我却看不到会有什么影响。从中国到外国,再从外国到中国,感到的只是极度的孤独。我写过一篇要搞公民教育的文章,只有两个人响应,其中一位是与我同年的76岁的老先生,正是教人难受,然而也还是只能知其不可为而为之的干下去。

关于中国专制主义传统之深广的问题,准备在今秋写一专文,发表前一定请教。敬
礼!

李慎之
1999年8月22日

又:承你告之神秘性与神秘主义的区别,这是我过去一直没有搞清楚的,多谢指教,永用感篆。

1999 年

慎之同志：

8/22 信收到。

你说政治是肮脏的，对于专制政治确是如此，从春秋战国到毛泽东那套玩阴谋诡计的权术政治和 Machiavelli《君主论》都是明证。但是我认为，对于以开放、透明为特征，不以损人利己为目的的民主政治，就不能说是"肮脏"的。当然，人类社会中什么人都会有，总会有人为个人私利搞各种不可告人的勾当，但是在开放的、自由的社会，这种肮脏的东西不可能有多大的市场。近两年来，读了三联书店出版的林达的三本《近距离看美国》，特别是第一本《历史深处的忧虑》，也给了我这样的感觉。最近获悉，这三本精彩的启蒙读物的作者是一对旅居美国 Georgia 州 Danielsville 的年轻夫妇，真名是丁鸿富、李晓林，原是学工的。你对他们是否有更多了解。你 80 年代说过，"现代化就是美国化"。在这个意义上，他们的书对现代化的启蒙是做出了出色贡献的。

关于 science 一词的起源，我没有作过考证。不过 1956 年我调到新成立的哲学所研究科学哲学和科学思想史时，读过 J. T. Mertz 四卷本的 *A History of European Thought in the 19th Century*（此书是被定为"反革命"的张东荪卖给哲学所的，想必现在还在），书中简略地讲到了这个问题，说英国 19 世纪前不用 science 这个词，皇家学会和皇家研究院在正式文件上向来都只用 Philosophy 这个词。今日的"科学"，17 世纪常称为"自然知识"（或"自然哲学"）。法国在 1666 年成立科学院时，所用 science 这个词的意义与今天相同，它来源于拉丁文 scientia。德文把 scientia 译为 Wissenschaft，比现在意义的要广，指有体系形式，并且以某种方法连贯起来的知识，相当于"学术"。法国的 Science，德国称为 exacte Wissenschaft（精密学术），包括数学和自然科学。据我所知，希腊文中有个相当于拉丁文 Science 的词 επιστήμη，一般译为"知识"或"学术"，相当于德文的 Wissenschaft，也有译为"科学"（science）的，Aristotle 在《形而上学》一书中把学术分为三类：①理论学术，包括物理学、数学、哲学；②实用学术，包括伦理、政治、经济等；③制造学术，即艺术和技术，包括建筑、雕塑、音乐、医学、健身术、卫生等。《形而上学》开卷第一句就是"求知是人类的本性"。这种作为科学基础的认识，中国传统文化中似乎未曾有过。

你在美国三个月读五四之书，最后"悟出"中国传统意识形态"就是专制主义，就是外儒内法"。这确是一个重要收获。想来，你对"半个新儒家"这顶并不美观的帽子不会再珍惜了吧。你写的文集序，如能在大陆发表，当然会产生很大冲击力的。可惜文集不让出版，你的序人们一时无缘读到。但我相信，正义之声是谁也压不住的，终将传遍天下。你说和平进化的可能性几乎没有，"国内外现在都没有'爱国志士'，有的只有利禄之徒"，"从中国到外国，再从外国到中国，感到的只是极度的孤独"。这些肺腑之言使我感到伤心，也有点意外。我觉得你对现实是过于悲观了。表面上中国这块几千年来沉积成的板块是坚不可破的，但在整个人类文明洪流的不断冲击下，早已在逐渐溶化中。因为人同此心，心同此理，人心是不可侮的。我 1976 年清明前每天路过天安门广场所见的感人场面,和1989年4—5月间更加激动人心的所见所闻,都验证了这一真理。我清楚记得,1987—88年间,人们普遍为当时大学生只关心个人利益,不关心国家命运而忧心忡忡;可是,1989年4月中旬以后,他们所表现的政治热情竟如此高涨,在北京甚至有三千人以绝食这种准备牺牲自己生命的方式为中国的民主事业而抗争。经过血腥镇压和十年的意识形态严密控制后,是不是人心都死了,普天下竟没有一个"爱国志士"了,我看完全不是。相反地,倒是时时处处感到鲁迅所说的"于无声处听惊雷"!问题仅仅在于,在政治高压和思想言论严控下,不允许发表不同于官方的第二种声音,但是人心永远不会死,"爱国志士"依然随处可见,我相知的朋友中就不少。虽然近十年来我的处境相当困难,文章不让发表,电话一直被窃听,还曾一度遭软禁,不少人不敢同我来往,但我始终没有感到孤独。相比之下,你的处境与我有天壤之别,你每年发表这么多文章,又有这么多人争请你写序,显然,理解你和仰慕你的人是很多的。你说论公民教育的文章只有两个人响应,不对,至少还应加上我。但我如要写文章,无处发表,而官方刊物也不愿意讨论这类问题,要从目前出版物上了解"响应"是很困难的。总之,我觉得你决不是"孤独"的,至少我和我的一些朋友都是你的知音,我常常把你的一些精彩的文章向朋友们介绍。敬礼!

许良英

1999年9月1日

良英同志：

　　大函收悉，捧诵之下，十分感动。你的处境确实远劣于我，但是你的心情仍然是豪气干云，信心十足，这是令我钦佩的。

　　我纪念五四的文章略有改动，然而不过一二百字，年老力衰看看是改不出什么名堂来了。你将来会看到定稿的，其实不看也罢，因为真的没有什么不同。不过，我现在已想到另外一个题目，叫做《中国传统文化与现代化》，准备再写一篇文章。题目大得吓人，实际上不过是要说明中国传统文化如何妨碍了现代化而已。我最近的认识是，中国或许如大家认为的那样不是一个宗教的国家，但中国绝对是一个有极强的意识形态的国家，自秦始皇至于今日全国上下无人不受这个意识形态的支配，即专制主义的支配，不论是儒是法，或表或里，都无非是专制主义，而且愈演愈烈，在20世纪后50年达于极致，这20年是好了一些，然而也不过是我评 Havel 著作中所说的后期极权主义而已。当然我也明白它再不能维持二、三十年了，但是过了这一关（当然可以说是决定性的一关）以后，也当然同台湾一样，有自由而无法治。中国人要走上有自由又有法治的"像样的民主"（我只能说"过得去的民主"，自从少年时期的乌托邦破灭以后，我再也不会说什么"真正的"，"理想的"那类话了，那样的民主大概也只能在无限远才能接近）。以中国人素质之低，如果那能在21世纪末，或者22世纪初达到，我就可以死而瞑目了。

　　我在纪念五四文章的结尾讲"全球化的怒潮拍岸而来"，表明我还是乐观的。只是一个民族自己没有人，要靠外力来取得进步，实在可鄙可悲。我年轻时最推重鲁迅，而有点看不上胡适，这点我现在承认是错了。然而，十年来，我几次去美国，住的时间将近十年，跑了十几个城市，十几所大学，竟没有看到一个可与胡适相比的留学生，虽然博士倒不少。我自己说自己孤独，其实是"蜀中无大将，廖化作先锋"。目前还有大思想家在说，只要中国经济发展了，政治自会民主。这话信徒甚众，但是我是不相信的。我还是相信马克思的话，非要大喊大叫不可，我自知已无大喊大叫的能力（像林兄那样十万字的文章，我不但写不出，而且根本不敢想），一年顶多只能写三四篇文章，顶多三万字而已。然而"写罢低眉无处发"，真有"口则瘖，予手则瘰"的感觉。不过一息尚存，我总是要想，也总是要写的。有你的鼓励，我更非努力不可了。

关于半个新儒家我今后可能还要说，我要在剥出中国文化的精髓是意识形态，是政治—伦理哲学之后，在说明中国传统文化非拔掉这个毒根后，还可能要评价一下实际上五四以来一批好心人竭力想把传统文化与现代相结合的努力。如果这样，我也许还能算是"半个新儒家"，条件是专制主义必须打倒了，必须清除，专制主义不能与民主共存，借多元文化之名也不行。

顺带向你表白一下，为什么我到90年代才有文章而80年代不著一字。说实在的倒不是因为忙，而是因为我的朋友们都在忙着讨论"社会主义民主"，讨论改良计划经济，而我则自从60年代觉悟后，实在不愿写违心的文章（当然，我深知他们都是真心诚意的，不是违心的），90年代以后越来越宽松，才开始打些擦边球，我去年估计今年还会宽松些，不料大错特错，反而出了义和团来，真叫人哭笑不得。纸已尽话也许说得太多了，但是我相信你是能理解我的。

慎之
1999年9月6日

你关于"科学"的见解，使我受惠甚多，我还在搜罗观点，搜罗材料的过程中仍盼时时赐教。

良英同志：

华兄转来大文十年感言（指近作《"89"十年感言》——良英注）。近作两文，呈上请指正。

有错不敢承认是怯懦，错误已过去十年还不敢改正是无能。他要自取败亡，我们也无能为力。

《回到五四》一文本应写成万言长文，不过我不久就要去美国三个月，只好在那里写了。这篇文章是《随笔》编者到京组稿，在他的催逼下草成的千字文。请多提意见。

敬礼

李慎之
1999年9月9日

良英先生：

近作一篇呈正。此文也受到你的启发，特此致感谢之意。

李慎之

1999年10月28日

（此信附在《风雨苍黄五十年》文章之页首——编者注）

1999年

慎之同志：

读到大作《风雨苍黄五十年——国庆夜独语》，深受感动，引起了共鸣。这是一篇有巨大震撼力和冲击力的杰作，作者的胆识令人钦佩，读了这篇表达当今中国知识分子心声的精彩文章，我更想同你见面畅谈，交流思想。考虑到你中风后行动不便，当由我登门拜访，时间请你和贻芳同志商定。

由于你急于听听我对这篇文章的意见，不妨先说上几点。

这篇文章对自称是"马克思加秦始皇"的极权专制暴君毛泽东刻画得淋漓尽致，对当今掌权者也鞭辟入里。美中不足的是，对自封为第二代核心的邓小平的分析，似温情乏力，没有到位。这可能由于当时个人处境不同，感受也不同。见面时，我可以谈我个人的感受。

文中第3页引用了Lord Acton[1]的话与原文有出入。原文是"Power tends to corrupt and absolute power corrupts absolutely"，是他于1887年4月5日给Bishop Mandell Creighton的信中说的，宜译为"权力趋向腐败，绝对权力绝对腐败。"

最后一页倒数第四段："提高人权是世界潮流"。"提高"似应改为"尊重"。因为人权只有有无的问题，并无量的差别。只存在于要么是被持有、尊重，要么是被剥夺、忽视，不存在中间的高、低状态。同样，"民主"也只存在有无问题，不存在大、小问题。你在1956年发明的并被毛泽东采纳的"大民主""小民主"的

---

[1] 阿克顿勋爵（1834~1902），英国历史学家、政治家和哲学家。

说法，我觉得并不是合乎科学的概念。

P.3 第 24 行有一个字打错了："从来就没有实行过""来"字误打为"事"。

文章最后，你苦口婆心，劝当政者成为"明白人"，为自己"建功立业"。我估计，至少在近期内他是听不进这种忠告的。相反，文章前面的许多尖锐、严厉的批评，只会引起他反感。因为他在政治上和意识形态上只能高举毛、邓的旗帜，吃毛、邓的老本。暂写到这里。其余待面叙。致
敬礼！

许良英
1999年11月1日

良英同志：

此文（指我的老同学张宣三的论文《我国体制改革若干问题的思考》——良英注）据说是一位（或一群）八十以上的老浙大毕业生（可能也是共产党的高干）所写，写得极有见地，也很全面。你能辨认否。

另外一文，是我两个月前所写，请指正。

顺颂

龙年大吉

李慎之
2000年2月13日

（此信附寄《中国传统文化与现代化》——编者注）

民主启蒙对话录——许良英、李慎之通信集

许良英致李慎之（2000年6月14日）暂缺

2000 年

良英同志：

收到大函。拙作近已改定，将由贻芳同志送上。问题是近来文章每遭封杀，不知何日方能发表也。

我写文章有改的习惯，不过也改不了多少，改来改去觉得已厌烦了，就算定稿了。以后再想，才发现还有些新意，于是只好写第二篇，不过往往要等来年了。

我现在想，中国其实并没有经过什么资产阶级民主革命，更没有经过什么无产阶级社会主义革命，整个 20 世纪其实是在旧王朝崩溃——农民革命——新王朝建立的传统恶性循环中"团团转"，当然社会还是有进步的，那不能不说是外来的资金、技术、榜样与思想影响的结果，中国人自己的觉悟起的作用是很小的，只除了五四那一次的爆发。

我对毛的崇拜前后也有二十年。后来自以为觉悟算早的，但是，现在想起来，实在太幼稚。毛其实本质上与他晚年（批林时）自许的"哥儿们"——陈胜、吴广、洪秀全、杨秀清并无二致，不过是靠了所谓马列主义骗过了我们这批青年人而已，而我们又是根本没有过个性解放的体验的人，也不可能识破他那一套（从本质上说毛和我们都还是传统中人），结果个人和国家都吃了极大的苦头，走了极大的弯路，因此，下一篇我想从毛的草头天子的本质来写中国的专制主义是怎么借尸还魂，变本加厉的，只是，那样写出来，更无处发表了。

另两文也请赐教，虽然早已投稿了，实际上都发不出来，奈何。

美国有一史学家，叫唐德刚，比我略大一两岁，与我颇交好。最近看他写的中共历史，十分内行（除了细节有些错误而外）。他的理论是，中国自1840年以后即进入三峡峡谷，亦即他心目中由专制向民主的转型期，他认为出三峡需二百年，也就是从今天算起，还有四十年。我们没有讨论过对这段历史的看法。但是我以为实际上看法差不多。中国要转向真正现代化的民主国家，四十年不算太长。你以为如何？

别的由贻芳转上。祝

暑安

李慎之

2000年6月16日

慎之同志：

　　信和两篇大作都收到了。对照一下你 1999/12/25 访谈录与 6 月号《中国之春》上的，发现后者少了很多段落，但该刊却称是"全文"，究竟是怎么回事？所删去的主要是关于启蒙问题。据我所知，海外民运人士都自认是中国民运领导人，不承认还存在启蒙问题。现附寄他们所刊出的访谈录。

　　文中说"中国去年签署了《世界人权宣言》"，不够确切，似应改为《公民权利和政治权利国际公约》。

　　你问我对唐德刚所说的，中国还需要 40 年才能走出峡谷这一预言的看法。我觉得，历史的变化，常常是难以逆料的。列宁在 1917 年二月革命前几个月还说过，他在有生之年将看不到俄国会爆发革命！同样，1989 年秋天以前，有谁能预见到东欧各国和苏联的极权主义政权会马上垮台？促成历史发展的因素是很复杂的，不可能取决于统治者的主观愿望。对那些言之凿凿的预言，我只能姑妄听之，当然它会有助于活跃思想。

　　祝
暑安！

许良英
2000年6月23日

良英同志：

收到来信十日，今日方得暇答复。

首先要谢谢你所说我关于"世界人权宣言"说得不确切的地方。

你说海外民运人士不承认有启蒙问题，可以发我深省。我觉得这正足以支持我对中国民主化的前途相对悲观的看法。

我说唐德刚认为中国至少还要四十年才能过这一峡谷，你认为未必，我也认为未必。只（是）你的"未必"是未必要这么长的时间，我的"未必"是四十年未必能行。

你举的关于十月革命的例，我希望只是信手拈来，并无深意。如果中国真的还要再出一个列宁，也就是再出一个毛泽东，那我们还能活得下去吗？中国在21世纪还有走向民主化的可能吗？

我思考了一下中国的专制主义，得出了与我50多年前完全相反的结论，认为毛的专制比蒋的专制更严重十倍，而如果没有毛的专制，蒋的专制还要比他后来的实际好一点，也许大陆到世纪末已经可能达到台湾今天的水平。（大陆比台湾大几十倍，要比台湾更好，在我看来是无论如何不可能的。）如果那样说，再过四十年，即可走出三峡峡谷倒是有可能的。

今天的大陆作为全社会来说的民主觉悟，比不上戊戌，比不上辛亥，比不上五四，比不上八一三，也比不上1948—49（那是一个重要的转折点），甚至比1976—77低，那时候，老人还没有死光。全民对民主的常识几乎可以说是清末以来最低落的时期，几乎没有精英人物。这种人物我自己知道或认识的不过二十个。我极力幻想,以为全国也许有一二百个。这样的现实要希望中国能很快地实现民主化,至少我无此信心。你再告诉我,海外人士连启蒙的必要都不承认,又使我更凉了一截。

昨天电视台播放了崔永元的"实话实说",我碰巧看了下半段,谈话对象是"人大代表",我也当过人大代表,而且还是"法律委员会委员",当时自己就觉得很不像样,但是现在看电视上播出的"人大代表"的形象,再加上"主持人"与"观众"的表现,哪里是什么"人大代表",分明是自鸣得意的"驯服工具"而已。我自己当年的表现,实际上也差不多,只是还没有"自鸣得意"而已。

我知道你在研究民主问题,民主实际上要依赖相互对立与互相制衡的利益集团,有敢于为自己的利益斗争,又能够达成妥协的个人,这个过程大概是在孕育之中,然而什么时候能够破壳而出,我实在无法想象。

现在的绝大多数中国人,大概都像胡适所说"不觉不自由,也就自由了"。

我当然也有些乐观的想法,我所指望的是全球化。但是这只是一个笼统模糊的愿望,并没有什么具体化的、现实的根据。

我自以为我们这一代人几乎是极少数在解放前,在"国民党的万恶统治下"多少还受到过一些启蒙思想,历经劫难而又幸存下来的人。我把你也包括在这极少数之内。比我们年纪大的人,也有很开明的,但很少,更少的是懂得最低限度民主原理的人。比我们年纪小的人,如华贻芳,他倒是很积极,但是对民主的理论就知道得更少了。再下来,到文革期间的中学生,绝大部分是红卫兵,只有极少数可以说是靠自学,靠自己反思成为启蒙思想家的人,现在中国就是靠他们在学术界撑起一片天。然而这片天实在太小,这样的人也太少了。我上面所说"极力幻想"所能想象到的"一二百人",指的就是他们。

我不知道你为什么举列宁而不举戈尔巴乔夫。苏联出了个戈尔巴乔夫,他的思想先行者是很多的,多到中国不能相比的程度。

我自知行将就木,所以不得不说话。把话带到棺材里去不打紧,然而难道中国真的就没有人了吗?支持我的不但有民主思想,也还有一点民族主义的情绪呢!

我十分佩服你的乐观情绪,不是我吹捧你,有你这样觉悟的"八十老人",我还几乎没有见到第二个。我也算是附骥尾的一个吧!然而我的心情是悲凉的。

我现在确实是"知其不可而为之"。但是我"为"的能力是很小的,一年也不过写三四篇文章,分量也不大,如此而已。

敢布腹心,愿闻明教。

盛暑大热,请多保重。

李慎之

2000年7月4日

2000年

慎之同志：

7/4信收到。信中所提的一些问题，也是我近二十年来所关心的，确实值得深入探讨。

首先得澄清一个误会。你信中一再表示对我前信提到列宁无法理解，"希望只是信手拈来，并无深意"，并问我"为什么举列宁而不举戈尔巴乔夫？"我信中的原话很简单，共只三行，不妨再抄一遍："我觉得，历史的变化，常常是难以逆料的。列宁在1917年二月革命前几个月还说过，他在有生之年将看不到俄国会爆发革命！同样，1989年秋天以前，有谁能预见到东欧各国和苏联的极权主义政权会马上垮台？"这里只涉及历史预见问题，没有提到十月革命，更不是希望中国再出一个列宁。列宁这个故事，我是60年代在故乡当农民时通读《列宁全集》时读到的，当时我对马、恩、列、毛都很迷信，视为神明，想不到搞了30年革命的列宁竟预见不到几个月后即将爆发的二月革命和随后的十月革命。同样，1989年4月以前，我们也预见不到一个月后中国会爆发空前规模的学生民主运动。而在1988年北大刘刚、王丹搞的"草地沙龙"和"民主沙龙"，经常参加的总共不过二、三十人，那时大家对一般大学生的表现都很失望。可是，1989年4月北京就有数以十万计的学生自发参加悼念胡耀邦的活动，5月又有3000学生为要求收回颠倒是非的《人民日报》4月26日社论而集体绝食。这次惊天地、泣鬼神的学运的悲剧结局，改写了20世纪世界的历史，它的发生和后果，恐怕不是唐德刚这样的历史学家所能预见的。我亲眼目睹1976年的天安门事件和1989年的学生民主运动，使我更深信"人同此心，心同此理"和人心不可侮。我的乐观情绪的主要根据也就在此。只要人们有机会了解真相，任何行使欺骗和蒙蔽伎俩者必将自食其果。苏联垮台后，有个老苏共党员（曾任苏驻澳大利亚大使）说：是邓小平的屠杀"葬送了国际共产主义运动"！这句话真是一语中的。

根据我自己多年的观察和思考，我觉得，中国要实现民主，首先需要一批独立知识分子，他们应该具有独立人格、独立思想和独立的批判精神，他们不依附任何权贵和势力集团，而具有民主意识和社会责任感，主动承担起民主思想启蒙的重任。但我又从自己切肤之痛的反思中认识到，所谓启蒙，首先应启知识分子自己的蒙，彻底打破几十年来官方意识形态所养成的自我封闭和夜郎自大的心态，虚心学习在西方早已成为人所共知的常识并有效地实行了几百年的代表人类现代文明的基本制度。我说的民主意识，指的是，不仅真正懂得民主概念的正确涵义，自身还应坚持民主精神，不可自视高人一等，更不可以领袖自居，而应以平常心，做一个平常人。这正是当前海内外民运人士所缺乏的。据我了解，他们大多具有"文革"造反派的心态，其基本特点是：狂妄的领袖欲；贪婪的权力欲；说假话不脸红。他们虽然口头上也反对一党专政，但在骨子里依然可见毛泽东的阴魂。我去年写的《"89"十年感言》一文中提到了这些问题，招来了不少非难，因此此文至今未能全文发表。

由于我认为民主精神对自身的要求，是以平常心做平常人，对于那些自命"精英"的人，我是不敢恭维的。"精英"这个词来源于"权贵"和"贵族",也就是 Aristotle 所说的寡头政治的"寡头"。1988 年国内有人在《政治学研究》和《走向未来》上叫嚷西方传统民主理论"破产",鼓吹"精英统治",与随后的"新权威主义"互为呼应。从此,我对"精英"十分反感,他们是要把中国引向专制主义。我深信,中国要实现民主,不能指望这些"精英",而只能指望有独立批判精神的独立知识分子,即有独立人格的自由主义知识分子。你说"毛的专制比蒋的专制更严重十倍",我完全同意,正如储安平早在 1947 年所说的:在国民党统治下,"自由"是"多"、"少"的问题;假如共产党执政了,"自由"就变成"有"、"无"的问题了。可是我直至 1974 年才能悟到这一点。

你说今天全社会的民主觉悟比不上戊戌,我觉得这个论断是太悲观了。由于当前的言论自由、出版自由远远不及清末和国民党统治时期,关于民主问题的议论和文章全被封杀,表面上确是鸦雀无声,但时代毕竟不同了,既然经济上要开放,要与国际接轨,无法完全封锁境外的广播和互联网,如果加入了 WTO,外界的冲击力更难以抵挡。因此,从全球的大环境来看,还是应该乐观的。你说对吗?

由于天气奇热(今天下午预报又要到 40℃),和中间有人来谈话,这封信断断续续拖了三天才写完。祝

暑安

许良英
2000年7月12日上午

良英同志：

今天稍微凉爽一点，我忙的杂事刚好告一段落，翻出您7月12日上午的信来，又读了一遍，十分感动。

我和你的看法几乎完全是相同的。只是有几点可以再讨论一下。

第一点是，我同意中国今天的社会条件比起国民党时代、五四时代以及晚清时代大概是大大地进步了，所谓进步指的是可以实行民主的社会因素大大增加了。但是，我总觉得有觉悟的人太少了。撇开我心目中的"官学"和"极左派"不说，90年代也出来了一批"民族主义分子"和"新左派"，他们的嗓门很大，听众甚多，而且出于我至今弄不清楚的理由，强烈地以"自由主义"为共同敌人，必欲灭之而后快。出于我更不理解的理由，他们口口声声"自由主义控制了话语霸权"，真不知从何说起。虽然我认为新左派大概成了气候，而民族主义是有"五千年文化传统"与一百多年来的民族屈辱作背景的，极容易赢得群众。事实上从各种民意调查中看，这批人在青年学生中的人数一直在增加。再想想我们自己小时候，就主要从爱国主义出发，才走向亲共、亲苏的社会主义道路，结果上了一个大当的。其实世界在20世纪已发生了大变化。自由主义已肯定地成为全球的主流价值，而中国却仍然置身于这一主流价值之外（就政府行为讲还很显得有些"中流砥柱"的味道）。如果说六四有十年反文革的思潮为背景的话，现在，这个思潮已十分淡化，而民族主义的思潮却已大大强化了。

我一直相信，在十年之内迟早会出现你想象的（也是我想象的）那种转折，但是我本来以为的经过那个转折会出现一个健康的民主的时代，现在看来却多半会大打折扣，我设想不大可能比苏联好，更比不上今天的台湾或南韩，而且就长期看，极可能有一个拉美化的时期。

当然拉美化也还是要变革要进步，最近世界第三老资格的墨西哥革命制度党（把持政权七十一年，仅次于布尔什维克与国民党）被选举下台，就是一个标志。然而要照英美的标准说，它不但长期上不了轨道，而且很可能几百年都拖在后面。

第二，你对精英政治反感，我在新华社的时候，有权决定译名，当时外电常常提及苏联的 elite，我就叫他们译作权贵。与你可称所见相同。不过，关于精英分子或精英政治，则还当别论。其实古今中外无论任何政体，都可以算是精英统治，因为掌权的总是少数人，也只能是少数人（二十年前的中国的 elite 是指"政治上强的人"，现在是指什么人，我一下定义不了，反正是党看得上的"选民"）。任何国家（中国也在内）要进步，必须有你所说的一批"独立知识分子"。你对这批知识分子的形容是十分精彩的，我读了好几遍。这批人也就是我上次信中所提到，我想象充其量中国最多有一二百人。他们应该是不愧为精英的，他们应该是孟子与孙中山所说的先知先觉（可笑，毛泽东为了宣传他的"平民意识"，还一再批判所谓"先知先觉"）。但是以有 12 亿人口的中国（而）言，最难的就是怎么才能做到使这批人能真正成为思想领导者。我觉得要让自由主义者成为思想领导者，简直有些不可能。我现在想年轻时做地下工作，以及后来做领导工作，确实是靠党的组织，真有点"一呼百应"的威风，现在是绝对办不到了，即使能办到,也决不敢走那条路了。

说人类社会发展有什么铁的规律的话,我是不相信了。但是,由先进民族由于种种偶然因素凑合而形成的好经验,成为大家的榜样之后,大家必然要学习,而成为一条共同的道路(也就是毛泽东说的"走人类必由之路")的话,我还是相信的,然而夜长梦多,我只能"知其不可而为之"。

你的信好比寒夜的爝火,给了我一点光明,一点温暖。

专此 祝

暑安

李慎之

2000年7月22日

慎之同志：

7/22 信收到多日了，由于天气太热，加上心律失常老病复发（室性早搏，已 20 年历史了），未能及时写回信。

的确，我也认为，对中国历史、现实和出路的看法，我们基本上是一致的，只是由于个人经历和感受的不同，对一些具体问题的看法难免稍有出入，经过坦诚地交流以后，会取得共识的。读到你的信，仿佛是炎夏中享受清风，我们在耄耋之年才相识，实在有相见恨晚之感。

你对目前"民族主义"和"新左派"的叫嚷甚嚣尘上感到忧心忡忡，这两股官方支持的思潮也曾引起我注意。在政治高压、意识形态严控、不允许有不同的声音的"大气候"下，这种谄媚权贵的骗人鬼话能如此嚣张并蒙骗众多的无知者，不足为奇。只要有五四时期那样的言论自由、出版自由和新闻自由，这种鬼话必定像林纾、杜亚泉的鬼话一样成为光天化日之下的过街鼠，不会有什么市场。（奇怪的是，以"新启蒙"者自居的王元化，前几年竟卖力地为杜亚泉翻案，而有人把你与王元化相提并论，称"南王北李"，对这样的"桂冠"，想你是不会接受的吧。）对民族主义，1997 年我发表过一个访谈《民族主义与反西化的舆论导向》，指出六四后官方所以鼓吹民族主义和爱国主义，主要是用"主权"来对抗"人权"，用中国传统文化的"特殊性"来对抗人权的普遍性。这类把戏，一戳就穿。

至于从海外进口的"新左派"和"新马"，我也曾打过交道，对其底细，略有所知。据说目前大陆最走红的新左派，是 MIT 的崔之元。碰巧这个人，1988年我就与他交过锋。他原是马列所苏绍智的研究生，与陈志武合译了K. J. Arrow的经济学名著《社会选择与个人价值》（1987年出版，作为《走向未来》丛书之一），并写一篇以《数学对传统民主理论的挑战》为题的论文，发表在1985年的《政治学研究》上。1988年，我找到Arrow的原著，对照译文，发现崔的译文错误百出，译者根本没有读懂原意，而任意加以相反的曲解。Arrrow明白无误地写着，他提出的数学定理"是美英两党制的逻辑基础"，也为多党制提供了严密的逻辑论证。显而易见，作者的原意与崔之元的理解刚刚相反。这样恶劣的翻译，我一生未曾见识过。不仅如此，他和顾昕还大肆叫嚷传统民主理论受到"挑战"，甚至"破产"！为揭穿这种卑劣行径，我即写了一篇应战论文发表于1988年的《政治学研究》。这个崔之元，1987—88年间去芝加哥大学，1993年获博士学位。他和气味相投的王绍光很得美国新左派教授的赏识。这些吃马克思主义饭的教授，在1989年东欧、苏联极权主义政权垮台所产生的失落感中，看中了崔之元之类的中国学生为其传人，是很自然的事。于是他们就被推荐在MIT、耶鲁这些名校任教，加上海外媒体（甚至"美国之音"）的吹捧，就开始大红大紫。海外这股"新左派"、"新马克思主义"思潮，甚至对刘宾雁产生了影响。他1993年给我信中说，人们把斯大林和毛泽东的暴政归咎于马克思主义，这是历史"一大冤案"，民主和自由市场不能解决中国的问题，中国应该走"一条自己的社会主义道路"，这与崔之元的"第三次思想解放"如出一辙。这种谬论，是不值一驳的。

至于"精英"问题，如果把"精英"概念泛化为"杰出"、"优秀"，我是可以接受的。正如行行出状元，每个行业都会有优秀的杰出人才，这种精英的人数在任何朝代都不会很少的。但一般所谓的"精英"都是指政治上的。记得1994年Boston大学教授出了一本书：*Sowing the Seeds of Demorcracy in China*，把我和方励之等人都称为democratic elite，我即去信表示不能接受。当然，真正有效的民主制，处理政务的人，不能像雅典时那样靠轮流替换或抽签的办法（这正是Socrates所反对的），而要靠少数有才能的人，但他们必须服从"主权在民"的原则，要由公民公开选举，重大问题必须听从多数人民（或他们的代表）的意愿，因此，这不能称为"精英统治"。所谓"精英统治"理论，是20世纪初意大利的V. Pareto和G. Mosca创立的，他们的思想接近于20年代出现的法西斯主义。熊彼特（J. A. Schumpter）又附和他们。遗憾的是，顾准译了熊彼特的《资本主义、社会主义、民主主义》一书后也受到了这种错误论点的影响。这使他对雅典民主制（虽然他写过"雅典政制"一书）和直接民主制作了不正确的论述和判断（如把列宁的"一党专政"说成是"直接民主"！）。由于顾准的独立人格和独力批判精神普遍受到尊敬，他的这些不正确的论点竟也被人们无批判地接受了，自由主义政治学者刘军宁就是如此。去年我在《"89"十年感言》中不点名地批评了他对民主概念的错误论断，以后发现，他是从《顾准文集》中抄去的。这件事，可能使你感到意外。

1988年我曾说过，中国知识分子中真正搞清楚民主概念的，恐怕不到一百人。89年以后，人数是有增加，但总数恐怕也只在百人左右（包括在海外流亡的）。我认为即使完全明白民主概念的，也不算是什么高人一等的"精英"，只要能够不狂妄自负，虚心认真学习的，都会做到这一点。孙中山的"先知先觉、后知后觉"的理论，我不欣赏。他的这个理论导致了"军政"、"训政"，甚至规定建国初期只允许国民党员才有公民权利，是够荒唐的。

你前信提到的唐德刚，近日我的老伴王来棣读了他的《晚清七十年》，发现有不少骇人听闻的议论。如 p.104—105一节的标题是"不要被赛先生、德先生牵着鼻子"，文中竟有"德先生和赛先生联合专政"，显然是从"后现代主义"者贩运来的。这个人，看来善于打诨逗趣，不是一个严肃的学者。他的那个二百年转型期的论断，是从秦汉历史推论出来的，并无任何科学论证，不值得认真对待。历史学家预言未来，我是不信的，英国的汤恩比（他的学术地位至少要比唐德刚高出两个数量级）不是早就预言人类文明的中心必得回到东方吗？

这两天天凉，信一写起来就很长，但言犹未尽，暂止于此吧。

祝

暑安！

许良英

2000年8月4日

良英同志：

收到 8/4 来信，本想即复，不料后来越来越忙，竟无暇回复。9 月份也是事多，我主要是文思艰涩，有了一个题目，想写一篇文章，就念兹在兹。一天不脱手，就一天不能放松。因为久不复信，自知太不礼貌了，只能以短柬告罪。余言后谈。

敬礼！

李慎之

2000年9月2日

慎之同志：

你给舒芜的长信，我和老伴王来棣（她曾多年研究五四、辛亥革命和中共建党历史）都拜读了，并讨论过。听说你即将做白内障手术，想等你手术后见面时再讨论这封长信中所涉及的很多问题。由于你要我"多提意见"，不妨先告诉你我的主要读后感。

信的主题：对于五四精神的理解，鲁迅与胡适思想的比较，尤其是胡适的自由、民主、法治、宽容思想的介绍，写得鞭辟入里，读后深有同感，但由于此信涉及问题很多，有些问题需要进一步考虑，因此，建议你暂时不要急于公开发表。如果要发表，希望在文字上作些修改。例如，在今天还称毛泽东为"毛主席"，称胡乔木为"乔木同志"（只要想起他1983年反"精神污染"的表演就够受的了），未免会令人反感。舒芜1955年主动把胡风的信交给《人民日报》，实际上是起到了置胡风于死地的告密作用。这种行为，即使在当时是可以理解的，但是从人性、良知和道义的准则来衡量，是应该谴责的，至少在今天不该对此事"有深切的同情"。因为人性、良知是高于一切的，它自有绝对的客观性。舒芜的《论主观》刚发表时我也曾读过，给我的印象远不如像你这样好，相反，我觉得有几分唯意志论的味道，谈不上有什么了不起的思想深度。

舒芜《回归五四》的文章我也曾在一个刊物上读到过，在我的印象中，他把五四精神归结为"个人解放"，唯一的代表人物是鲁迅。我觉得这是很片面的。这表明他直至今日，思想深度和眼界还有很大的局限。你廓清了他的混乱，正确阐述了五四精神的主要内容，是十分有价值的。

你信中提到了陈独秀亲手扼杀了五四的民主启蒙，但未举出具体的历史事实，读者是难以理解的。这个事实很清楚，就是他1920年开始信奉了马克思主义的阶级斗争和无产阶级专政理论，根本否定了他自己1915年至1919年所倡导的人权、民主。信中引用了他1940年的话，对他怎样醒悟的，似乎也应作个交代。

在比较鲁迅与胡适时，指出鲁迅缺乏宽容精神和晚年轻信苏联官方宣传错误地为斯大林暴政辩护，是必要的。但也应向读者交代，鲁迅是在什么情况下不讲"宽容"的。我记得很清楚（1931年九一八后我开始天天读报），当时法西斯逆流在全世界泛滥，蒋介石显得更加猖狂，鲁迅的好友杨杏佛、柔石先后被杀，他自己的生命安全也受到威胁，有人还在背后向他放冷枪。面对这样的现实，他拒绝"宽容"，应该是完全可以理解和同情的，不宜苛责。相比之下，胡适的宽容主张，固然是值得称赞的，而他1929年与罗隆基等人关于人权问题勇敢呼喊和晚年对蒋介石独裁的抗争更是令人肃然起敬。但综观胡适一生的政治实践，他的"宽容"是与他的软弱和脱离现实密不可分的，这突出表现在他反对五四的学生爱国运动，九一八后支持蒋介石的不抵抗，甚至七七事变后也不主张抗日。更荒唐的是，1948年他竟为蒋介石的"戡乱"辩护，这哪里有一点"宽容"的精神？为了不让读者对历史人物的了解过于片面，你发表这封信时，是不是可以对鲁迅和胡适多说几句话？

又，信中说，1945年你在四川一个中学主持了一个鲁迅逝世十周年纪念会。"十周年"想系"九周年"之误。1946年10月19日鲁迅逝世十周年时，你大概是在上海参加在拉斐德电影院举行的盛大纪念会吧。那次会，周恩来特地从南京赶来参加，沉痛宣告内战已全面爆发，他即将返回延安。碰巧我也参加了那次会。那时我刚从贵州，经重庆回杭州，路过上海逗留了将近一个月。

　　不觉信又写得很长了。祝
你眼睛早日康复！

许良英
2000年10月24日

2001年2月2日许良英和李慎之进行了第二次晤谈

良英同志：

日前良晤，得以畅谈，快何如之！

顷检《马恩选集》（人民出版社 1979 年版）第四卷 p.332—333 有 1852 年马克思致魏德迈书（3 月 5 日于伦敦）有：

"……至于讲到我，无论是发现现代社会中有阶级存在或发现各阶级间的斗争，都不是我的功劳。在我以前很久，资产阶级的历史学家就已叙述过阶级斗争的历史发展，资产阶级的经济学家也已对各个阶级作过经济上的分析。我的新贡献就是证明了以下几点：①阶级的存在仅仅同生产发展的一定历史阶段相联系；②阶级斗争必然要导致无产阶级专政；③这个专政不过是消灭一切阶级和进入无阶级社会的过渡……"

知关锦注，特此奉闻。

这段话我一直知道，但是因为是文革时由林彪发掘出来的而未予重视。经你提醒才认识到其重要性，真可谓一语中的。我没有认真读过马恩全集，不知马如何实现专政，有何构想，（这点请指教）但从列宁起是比较清楚的（主要是经过党，又过渡到领袖专政）以后又经 Stalin 又到毛泽东在文革中的"全面专政"而登峰造极。

我一直有个想法，没有 Marxism 只有马恩列斯毛主义，我称之为MELSM，因为一个独裁的教义，必须有永远不会出错的教皇随时加以发挥或创造，否则就要散架（毛以后教义已经乱了）。现在经你点拨，看到了出典，可谓大受启发。由此一点即可驳掉一切"新马""西马"之论。

　　专此　即颂

研祺

李慎之

2001年2月5日

慎之同志：

那天晚上从你处回来即收到林牧同志给我们两人的信。我已给他写了回信，现寄上他的原信，以及我回信的复印件。

林牧同志大概比我小五岁，60年代初，胡耀邦任陕西省委第一书记时，曾做过他的秘书。80年代任西北大学党委书记。1989年因同情学生被开除党籍。他虽年逾七旬，但很热情，很有青年人的冲劲。1993年我们见过一面，以后又通过信。他受青年人影响很大，好动，易冲动，缺乏冷静的理性思考习惯，有些天真可爱。如果你觉得有必要给他写回信，可按他信末的地址直接寄去。如果你同意我给他回信中的基本论点，不另给他写信，我想他也是会理解的。祝
新世纪第一个新春愉快！

许良英

2001年2月5日

良英同志：

前上一信，报告谈 Marx 无产阶级专政一事出处，想已收到。

今日收到林牧信与你的信，你的意见我完全赞成。林牧前曾写一信给我院一位研究员王学泰，对他所著《中国游民文化》与我为他所写的序表示赞赏，但又把大传统小传统完全混为一谈，其实二者固难"彻底划清界线"但还是有区别，即是自汉朝起宫中巫蛊不断，但毕竟是小传统。清朝皇帝一方面效法汉人 ** 祭地，一方面仍保留所谓"** 妖神"（其实即萨满教旧俗），然又秘不示人，亦是因为是小传统之故。我已将此意告诉学泰，由他转告。我的印象是，确实如你所说，他是"缺乏冷静的理性思考习惯，有些天真可爱"。我目前就不给他去信了。

祝大安！

李慎之

2001年2月7日

慎之同志：

先后两信都收到。

信中抄录的 Marx 1852 年 3 月 5 日给 Joseph Weydemeyer 信，我也在《马恩全集》28 卷中找到了。这一卷是原来 39 卷本全集于 1973 年最后出版的一本，我迟至 1975 年才买到，当时正忙于《爱因斯坦文集》的出版工作，无暇去细读。在我的记忆中，《人民日报》上大力宣传这段话，是在"文革"以前中苏大论战发表"九评"的时期，似乎与林彪无关。我从 1940 年直至 70 年代末始终迷信 Marxism，自然也接受无产阶级专政理论，因此，六、七十年代在农村通读《马恩全集》时，并没有特别注意专政问题。1978 年回科学院工作，从事世界近、现代科学史研究，认识到科学与民主是现代人类文明两大支柱，对照"文革"时"全面专政"的恐怖经历，自然也就痛恨极权主义的专政。不过，由于长期迷恋 Marxism，以为摒弃其错误的和过时的成分，Marxism 还是有存在的价值的。1987 年胡耀邦以反自由化不力的罪名被罢黜，使我心中仅存的对 CP（共产党）的一线希望和对 Marxism 的一点残余的信念都彻底破灭了。1988 年 11 月，几个民间团体联合召开"全国现代化理论研讨会"，在开幕式上我指出：Marx 的最大历史错误是主张专政，反对民主，断言人类历史就是阶级斗争的历史。会后照相时，坐在我身边的李锐责问我："你为什么要批评 Marx？"以后在他公开出版的日记上还说我的儿子不像我那样"偏激"。几年后，王若水寄给我他的

《我的马克思主义观》，我觉得前面部分写得很好，但没有接触政治问题，而最后一节《马克思主义是"唯人主义"》，是曲解了 Marxism，只看到虚幻的天堂的理想，而看不到通向这个天堂的血淋淋的专政之路。张宣三承认他同意王若水的论点，听不进我的批评意见。根据我多年的观察，他们所以要如此美化 Marxism，主要是由于缺乏反思精神和独立的批判精神，这是中国知识分子的通病。凡是稍有名气的知识分子，几乎都是飘飘然，认为自己一贯正确，不愿剖析自己。因此，自我封闭，夜郎自大，不愿虚心学习西方文明发展史。

你问 Marxism 对如何实现专政有何构想，39卷本的《马恩全集》中似乎没有这方面的材料。第34卷倒有 Engles 1875年3月给 A. Belel 的信中一句极为重要的话（这也是 Lenin《国家与革命》的理论根据）：

"当无产阶级还需要国家的时候，它之需要国家，并不是为了自由，而是为了镇压自己的敌人，一到有可能谈自由的时候，国家本身就不再存在了。"这清楚表明，只有进入共产主义天堂才允许有自由，这算什么"唯人主义"？真是自欺欺人！

致
敬礼

许良英
2001年2月11日

慎之同志：

今天是耀邦同志去世12周年，回首往事，不胜唏嘘。

您最近忙于写哪一方面宏文？批驳李约瑟的伪难题是否仍在计划中？为便于您深一步思考，现将陈立先生（他今年已99岁高龄，但健康状况比我好，仍坚持工作！）1944年发表的论文《我国科学不发达原因之心理分析》复印寄上。此文发表时，李约瑟刚刚开始接触中国古代科学史的门。他这篇论文和一年后竺可桢发表的《为什么中国古代没有产生自然科学？》都早已表明李约瑟以后提出的所谓难题，纯粹是一个虚构的假命题。

　　祝
撰安

许良英
2001年4月15日

良英同志：

承寄陈立先生的文章，十分感激。

我竟不知道中国还有这样一位99岁的大老，因此对陈先生十分钦佩，也十分感兴趣，如果你还能提供一些关于他的information就更好了。

官方和所谓的学术界最近都在大炒今年90岁的季羡林先生。季也许在梵文方面有专长，但在学术思想上无非是一个庸俗的民族主义者（今称爱国主义者），现在则给他戴上许多高帽子，甚至称之为"国学大师"。季本人固然好名，倒也无大害，只是学术界这样捧一个对国学与世界史近乎无知的老人，实在是中国的耻辱。

陈先生的观点，大体上与冯友兰、任鸿隽、竺可桢的观点相似，不过，以我之见，他说"天性何分畛域？"是不错的，但是问"文明何分东西？"就似乎太过抹平一切了。西方古代有科学，而中国没有，不是源于人性有什么不同，却正是因为文明的起源与走向有差异。

《李约瑟难题是一个伪命题》这篇文章我还是要写的，但是愈想愈觉得其难，因为我的科学知识实在太差了，而且现在的谬论日见其多（从席泽宗到董光璧），要一一排击之，尚须搜集材料与论点。今年是决不会动手了。也许明年可以摆上日程。非常希望看到你在这方面的文章。

你问我现在在忙什么，这两个月我可以说一直在准备给《历史的先声》写序。我在反思我们这一代人是怎么迷信上"马列主义、毛泽东思想"的？我自己说过，我青年时只能当共产党，57年只能当右派，晚年只能当自由主义者，好像是命中注定。只希望晚年觉悟是真正的觉悟。

我生产力极低，每天东看西看，好像也没闲着，只是到下笔时文思极其艰涩，顶多不会超过万字的文章，也得两三个月才能写出来。跟青年人比是没法比了。只是还没有闲过而已。

顺颂

撰祺！

李慎之

2001年4月21日

慎之同志：

4/21 日信收到多日了，由于近来忙于看《爱因斯坦语录》的校样（由我 80 年代的研究生[后去西德]译的），信复迟了。

陈立先生 1902 年 7 月 22 日生于长沙城市贫民家庭，因家境贫寒，小学时辍学四年，跟鞋匠当学徒。后重上小学，深得老师赏识，免一切费用，每次考试都是第一（直至留学考试也如此）。中学上的是教会学校，大学上的是上海沪江大学，也是教会办的。"五卅"时参加学生运动，"四一二"时保护过共产党员。大学毕业后回长沙教过两年中学，后通过湖南省公费留英考试，去伦敦大学师从著名心理学家 Spearman，1933 年获博士学位后，去柏林大学进修。当时德国政权已落入 NAZI 手中，德国著名心理学家多半是犹太人，他们劝他回国。他于 1934 年回国后，任中央研究院心理所和清华大学合聘的心理学研究员。1939 年被竺可桢"借聘"到浙大，直至今日。他早年接受马克思主义，刚到浙大就作了一次题为《辩证唯物论与自然科学》的演讲。据我所知，1949 年以前，浙大教授公开宣传马克思主义的，这是仅有的一次（当时我是一年级生）。50 年代以后，他担任过浙江师范学院副院长。60 年代初曾与姚文元开展论战（关于心理学的性质问题）。他为人正直、谦虚，治学严谨，很有科学家本色。他原有 19 种病，现在全都没有了，而且精力充沛，始终坚持研究和教学工作，去年还招了一个博士研究生，这恐怕是史无前例的。去年他写了一篇 8000 字的《我的身世》寄给我，是特地写给我的，如你有兴趣,我可复印一份给你。现附寄一张剪报。

你对季羡林的评价,我有同感。这个人和陈立先生正好相反。现在他竟叫嚷什么"21世纪是中国的世纪"!可是权贵们正是需要这样的吹鼓手。

你希望看到我也写关于所谓"李约瑟难题"方面的文章,这种可能性在几年内不存在,因为时间和精力不允许。最近十年来,我主要的工作是同老伴王来棣合作写一本启蒙性的学术著作《民主的历史和理论》,来棣分担的部分稿子早已写出,我则需要一边读书,一边思考,因为西方的历史,原来并不熟悉,要读大量的书才能形成一个明晰的历史脉络,现在还只写到英国的光荣革命和Locke的民主思想。如果没有干扰,估计至少要再花三年才能完成。好在文献资料基本上已经搜齐,理论问题的基本观点经20多年来的探索也早已形成。而李约瑟问题,我手头没有什么资料,真要来搞,非花半年时间不可,实在花不起。你既然早有兴趣,我当然会尽可能助一把力。

你信中提到的董光璧,原来同我关系很好,自从他迷上李约瑟、道家和《易经》而我明确表示反对以后,就不来往了。1997年他为江泽民起草访美时在哈佛大学的讲话稿,从此成了科学院的大红人!至于席泽宗,对西方科学史近于无知,却要信口开河否定希腊的科学思想。他以前给我的印象还是可以的,想不到当了"院士"后变得这么狂!可见,没有约束,名誉、地位和权力一样都必然趋向(tends)腐败。

你信中指出,陈立先生认为文明不分东西似乎太过抹平一切了,我完全同意你的看法。从人性的共同本质和未来的趋势(全球一体化)看,未来的文明是不分东西的,但由于过去几千年的历史条件不同，东西文明的差别是十分明显的，现代文明两大支柱，科学和民主，都来自西方。Einstein 1953 年精辟地阐明了西方科学的两个基础。关于民主，更是不要说了，希腊在 2500 年前就实行了民主制。我读了希腊的历史和 Aristotle 的《政治学》，使我真正领会到希腊文明的伟大。

就写到这里。祝
撰安！

许良英
2001年5月5日

良英同志:

今天收到你的长信,看到你以颤抖的手写这么多字,非常感动。

关于陈立先生,我非常崇敬。我希望你能再多供应我一些材料,我可以让《炎黄春秋》写一篇文章介绍。当然陈先生志行高洁不会在乎这些,但是我们作为后辈来说,对这样的典型,有宣传的义务,越是让更多的人知道越好(也可以建议杂志社派人去采访一下。)

你们贤伉俪现在在写《民主的历史和理论》,是给中国的现代化做奠基工作。我则学力与毅力两具不足,已无写专门著作的雄心。最近给《历史的先声》写序才发现五四以后80年,民主根本没有在中国扎下根来。21世纪几乎要重新来过。要中国人懂民主,实在是艰难已极,我自己就是一个例子,然而第一不是不可能,第二也只有追尊五四,因为中国只有这么一个说得上的源头。

专此奉复 即颂
起居健吉

李慎之
2001年5月8日

2001年

慎之同志：

5月8日信昨天收到。首先得说明一下，你说我"以颤抖的手写字"（记得你以前信中也说过），是误会了。事实上，我的神经系统和四肢都没有问题，不曾颤抖过。可能是因为我从小没有读过古书，也没有认真练过写字，加上1985年后视力极差（左眼是0.01，右眼0.1），写起字来歪歪斜斜，笔画不正，难免被误认为手抖。我的健康状况还可以，除了室性早搏（靠大量的药控制住），没有大病，请放心。

你对陈立先生非常崇敬，希望多读一些有关他的材料，并且认为我们作后辈的有宣传他的义务。这也正是我所想的。你可以让《炎黄春秋》写文章，也可以建议他们派人去采访，这太好了。浙江省政协、科委、教育厅和浙大四单位，定于5月28日开祝贺陈立先生百岁寿庆的会和学术讨论会，准备去采访的同志不可错过这个好时机，但也不要去得太早，因为当地领导人为了保证他能够精力充沛地参加祝寿活动，上个月就要他住院休养，要到开会前才让他出院（见他5月4日给我的信）。我手头有前年先生送我的文集《陈立心理科学论著选》，共67万字，1992年杭州大学出版社出版，可以借给准备写文章和采访的同志参考。这个文集的出版是为祝贺陈先生90岁大寿的，可是书中并无任何介绍先生生平的文字。因此，我一再建议先生写自传或回忆录，他不接受，认为自己一生全无是处，要写也只能写"忏悔录"。去年8月他终于考虑我的意见,花几天时间夜以继日地写了一篇八千字的《我的身世》稿寄给我。这是一份极为珍贵的史料,显然先生以前从未写过,他自己来不及再看一遍就寄给我,可见他对我这个不安分的学生的信任。可是,想不到六天后他来信要我把这篇回忆稿"完全毁掉,不留灰烬",理由是他读你的《风雨苍黄五十年》(是我寄给他的)后,觉得自己"一生随波逐流,全无是处","无任自惭"。我完全理解他的心情。他家庭出身苦,青年时同情革命和马克思主义,但没有投身于革命;对现实的黑暗面他看得很清楚,但又怯于公开抗争。我回信中把他和Einstein类比。Einstein 1918年同情俄国十月革命,被人看作是"极端社会主义者",但他并没有放弃自己的科学研究,也反对任何形式的专政,从长远看,他和Einstein的选择是正确的。如果我青年时也有长远眼光,也会作这样选择的。但是我和你一样,血气方刚时就投身革命,放弃物理学而去学自己原来根本不懂的政治,这样,也使我们对现实政治问题的感受比先生更尖锐些,这是很自然的事,先生没有必要感到自惭。相反,先生学术造诣至深,桃李满天下,而且眼界广,精神境界高,一身正气,读李慎之同志文章竟产生如此强烈共鸣,这只能使我对先生更加景仰。我这样分析大概得到先生的认可,以后不再要求烧毁他的《我的身世》。相反,在他决定为编《论著续编》写一篇学术自传(只谈心理学问题)时,要我把这篇回忆稿复印一份给他,用为参考。

现在把陈立先生的《我的身世》稿和有关的信都复印给你。此外,还有他最近的一封信,以及前年9月他的长信,信中讲到他反右时的经历和与姚文元的论战,顺便也附我的回信,以便你了解我的心迹。暂写到这里。

  祝

撰安

许良英

2001年5月12日

良英同志：

你寄给我的所有的关于陈立先生的材料（我数了数，共十件）都已由《炎黄春秋》派人来取走。他们另外已派新华社驻杭州的得力记者采访陈老，准备写成文章在今年内赶陈老百岁做寿的时候发表。我已把你的电话告诉他们，以为他们已同你联系，因此未写信向你报告。

昨天，贻芳来说你认为我文章中引的陈独秀那段话未找到，那是社科院哲学所的一个同志给我找的，打印清楚交给我的。我自己并没有那书，也没有看过那书。既然您如此说，我刚才已去信请陈独秀研究会的同志核对，一有确息，自当报告你。

我"不嫌狂妄"地自吹我的经历，可以大致代表今天70—90岁的知识分子党员启蒙——起信——革命的历程，不知是否能"代表"你，也不知你是否同意，请示知。57—58年以后入党的党员的思想动机，我可以想象，也能同情，但不怎么佩服了。

即请

夏安

李慎之

2001年6月2日

慎之同志：

6/2的信收到很久了，由于要赶写一篇怀念胡耀邦的文章和忙于别的事，信迟复了，希见谅。

上次我复印给你陈立先生的信，是让你看的，因为你信说希望我提供更多的材料，想不到你全转给了《炎黄春秋》。请你转告他们：这些都是陈先生给我的私人信件，不宜公开。如要引用，应取得陈先生本人和我的同意。他们至今未与我联系，看来他们是怕沾我的边，会对他们不利。

贻芳把我的话传错了。我不是要查引陈独秀1920年那段话的出处，而是说陈独秀当时并没有提出"无产阶级民主"这一概念。他从1920年9月1日开始，一提到民主，就说这是"资产阶级的专有物"只能用"劳动阶级专政"来取代，并没有说要用"无产阶级民主"来取代民主。在1920年9月1日的《谈政治》，11月7日的《共产党月刊短言》和12月1日的《民主党与共产党》三文中都表明这样的论点。只是在1922年以后，由于考虑与国民党合作，才又重提民主，但仅是策略性的权宜之计，轻描淡写地一笔带过，完全不同于1919年1月那样气吞山河地呼唤德赛两先生。因此，建议大作p.3，把"无产阶级民主"改为"无产阶级专政"。又，文中说"陈独秀就根本没有搞懂什么是民主"，似乎言重了。从他1915年9月15日的《敬告青年》和1919年1月15日的《"新青年"罪案之答辩书》看来，恐怕不能说他根本不懂民主。问题是在 1920 年他接受了马克思的阶级斗争和无产阶级专政理论后，思想完全变了。我自己的经历就如此。

你问我，您文中说的 70—90 岁知识分子党员的思想演变历程，是否可以代表我？我可以说，大概是能代表一半，即大方向是一致的，但具体情况很不相同。首先，我走上革命道路，不是靠任何师友的启蒙，而主要是从现实和书本上领悟来的。1927 年四一二后我第一次听到"共产党"这名词，听说县城里抓了一些共产党中学生，有人还被杀了。从此我就同情、敬仰共产党，认为他们是劫富济贫的好汉。但我自己从小胆子很小，不敢去学他们。我从小喜欢读书，尤其是读课外书，对自然科学特别感兴趣。高小时想做 Edison、Faraday 这样的人，初中二年级开始崇拜起 Einstein。因此，大学进的是物理学系，梦想做一个"当代物理学权威"。1939 年进大学前接触到马克思主义，有好感，但不想投入。1940 年 2 月，浙大从广西搬到遵义，正是遵义会议后的五年，我的思想开始彻底转变，因为一到遵义首先看到的是骨瘦如柴、蓬头垢面的背煤工人和路旁岩窟里的穴居人，以及一队队用绳子捆着被押送前方作战的"壮丁"，我的良心受到谴责，无法再躲在"科学"的象牙之塔里，觉得中国社会需要革命，自己不能袖手旁观。从此，我再无心钻物理，集中精力读革命书籍，如《西行漫记》《中国的再生》《中国现代革命运动史》，以及马、恩、列、斯、毛的系列著作。1941 年皖南事变后的白色恐怖中，我决心参加共产党，由于浙大没有党组织，我历尽艰辛，五年后才到重庆《新华日报》馆解决了入党问题。

我投身革命的过程另一个与别人不同的是，我不是为了追求民主而找到党的，而是为彻底解决社会的不公、实现共产主义而入党的。入党前，1940—42年间，我读了延安出版的《列宁选集》和斯大林的文集《列宁主义问题》，以及《论共产党员的修养》（书中未注明作者是刘少奇）等书，对于阶级斗争、无产阶级专政，以及无产阶级的铁的组织纪律性、革命的战略与策略等等，都奉为天经地义，Einstein 所推崇并一度影响我的民主自由理想就作为资产阶级思想被完全否定。因此，当毛泽东1949年7月1日发表的《论人民民主专政》中说我们就是要独裁，我就毫无新鲜感觉，不像你会吃了一惊。

至于1957—58年以后入党的人，他们的入党动机，你说"也能同情，但不怎么佩服了"。我不像你这样宽容，会同情他们的入党的思想动机。他们是一伙反右运动的打手，是地道的小人，我知道的几个就如此。

还要还别人的信债，就写到这里。

祝

暑安！

许良英

2001年6月24日

良英同志：

收到大函十分感激，可惜来迟了，我的文章已经在再三修改后发出了。

你提醒了我，我们参加共产党的过程，尤其是思想历程其实相同，具体情况也大致相似，只是小有不同。二三十年来自己思忖与人讨论共产党得胜的因由，大家都说是因为抗战，因为民族主义，积时既久，就把这个简单化的命题也套到了自己的头上。读来信之后，才想到我这样的人从小就有两个几乎不可分的思想动力，一个是爱国主义，或曰民族主义，另一个就是一种朦胧而强烈的平等思想（甚至不是"公正"的思想，那时候我还不懂）。我出生在一个小康家庭，从小到大，没有吃过什么苦，但是父母从小教育就有强烈的"恤老怜贫"一条。中国传统文化中从孔子的"大同"到墨子的"兼爱"不用说，就是民间的故事到民间谚语，也都充满着这种思想，一直到我很小就开始看的侠义小说都是如此。像《七侠五义》，《施公案》，《彭公案》，现在评论家都称之为"特务小说""警探小说"。我理解这种见解已经到近三十岁了。当初从其中接受的"教育"就是要"扫尽人间不平事"。当时受的"教育"可称既深且广，只是近几十年追求理论以后才几乎忘光了。现在还记得的是我母亲常挂在嘴边的一句话是"瓦片也有翻身日"，还有"不要看见大佛都得拜，看见小佛踢一脚"，教育我们千万不能看不起穷人。当时社会上穷人也实在太多，生活也实在太苦，后来稍大一点，读新文学和外国文学著作，从中吸收的"精华"思想也就是"平等"。至于共产党则我从小的教员中就有，我家隔壁就逮走一个著名的共产党员（就是陆定一的老丈人严朴）。我历来不但对之有好感，而且景仰羡慕。我入党很晚，但历来自以为是党的"孤臣孽子"。

如实回顾起来，与上面所说的民族主义与平等思想相比，民主实在是我思想中最薄弱的环节。确实是搞学生运动才学会跟着叫的，当然叫得比别人还要起劲。事实上，同你一样，我也主要不是为了追求民主而参加党的。

你的来信使我想到，认识事实真相并不容易，即使对自己的认识，也会因为重点的转移，语境（这是我第一次用"语境"这个词）的影响，而逐渐失真。我们不能常常见面讨论，真是一大遗憾！

另有一事专诚奉恳。你是研究"科学"与"民主"的专家，能否告诉我一个（其实是两个）"民主"与"科学"最准确、最完备的"定义"，每个有三五百字即可。这对我是极其重要的。

即祝

暑安

李慎之

2001年6月29日

遵嘱已告知《炎黄春秋》，他们已请新华社驻杭州的一位资深记者采访陈老，并已答应转告决不能不得到你的意见而引用你与陈老的通信。

又及

慎之同志：

6/29 信收到多日了。当时正值在伦敦经济学院任教的大儿子回家，生活秩序全被打乱了。他在家十天，在人大、北大作过学术报告，已于三天前回伦敦。生活恢复正常后，先给陈先生写回信。他一连写了两封长信，说满 100 岁后"要从零做起"，"一切从头学习"，又说《Einstein 语录》读不懂，"真的读不懂"。前者使我高兴，后者使我纳闷、费解。现在可以给你写回信了。

你说小时候受母亲影响很大，碰巧，我也如此。不过我家不是书香门第，父亲识字不多，我四岁时（他）就去世了。母亲不识字，出身贫农，对穷苦人有天然的同情心，见到讨饭的总要给钱或给饭。我小时也如此。

你要我讲讲"民主"与"科学"的最准确、最完备的"定义"，这个考题太难了。因为我不习惯给一个概念下定义，而只是考虑概念的内涵。你既然给我出了这个考题，我又不妨努力试一试，请评一评，能得几分。

δημοκρατία "民主"一词来源于希腊文（demokratia），意思是"人民统治"或"人民主权"，中文译成"民主"非常贴切。公元前 431 年雅典城邦领导人 Perikles 说过："我们制度之所以被称为民主政治，因为政权是在全体公民手中，而不是在少数人手中"。这可以说是对"民主"的最经典的定义。不过，当时雅典城邦的自由民虽然崇尚自由、平等，但缺乏人权概念，造成了以思想罪对伟大哲学家 Socrates 判处死刑这类冤案。人权概念直至 17 世纪才开始出现，它是文艺复兴运动所倡导的人文主义的产物，也是17—18世纪启蒙运动的主要内容之一，是现代民主理论的基础和前提。关于民主概念的内涵及其必要条件，我于1989年纪念"五四"70周年的短文中归结为八点。现附寄此文（见文末），请批评指正。

"科学"（science）这个词的原义是系统的知识，也就是通过观察和实验获得知识并加以系统化。关于"科学"概念的内涵，1980—81年为《20世纪科学技术简史》一书撰写第一章《历史的回顾》第一节和《结束语》最后一节时曾作过这思考，现将要点摘录如下：

近代科学是古代科学的继承和发展，但两者有本质的区别，古代科学（如希腊、中国、印度以及中世纪的阿拉伯的科学）基本上处于现象的描述、经验的总结和猜测性的思辨阶段，主要是以直觉和零散的形式出现的；而近代科学则把系统的观察和实验与严密的逻辑体系结合起来，形成以实验事实为根据的系统的科学理论。

科学研究在历史上形成了任何研究者都必须遵守的一些共同原则。它们以无形的传统的规范存在于每个有素养的科学研究人员的思想和习惯中，其基本要点为：坚持一切以实验事实为依据，坚持实践是检验真理的唯一标准；在真理面前人人平等，不承认任何凌驾于科学真理之上的任何"权威"；实验程序和方法必须经得起分析检验，实验结果必须能够重复；概念使用和理论论述在逻辑上必须是正确的，经得起分析的；报告成果必须实事求是，不可自我吹嘘，更不容许招摇撞骗；尊重前人的研究成果，不容许剽窃掠美、侵占他人劳动果实。这些原则是全世界各国科学家在科学实践中自然形成的不可动摇的传统，是科学共同体中所有成员之间的是非准则，也就是科学工作的公德。

由于近代科学是系统的观察和实验与严密的逻辑体系相结合的产物，它以实验事实为根据，以系统的理论形式，反映物质的结构、本性和运动的规律，因此，以探求这种知识为志趣的科学家，必须具有求实和崇尚理性的精神。求实和崇尚理性是科学精神的主要内容。它一方面要求科学家在治学上必须诚实、严谨、尊重实践、忠于事实；另一方面又要善于思考、勇于探索、勇于创新，坚信自然界的统一性和规律性（即"自然界的一致性"）及其可知性（即"可理解性"）。使人有理想、有志向，相信人类的理性思维能力，相信科学和人类的必然进步。这种科学精神是科学发展历史本身的产物。又是开创未来科学历史的基础和前提。

由杭州出版社寄的《Einstein 语录》收到否？望能对此书评一评。

祝

暑安

许良英
2001年7月14日

另附有关陈独秀一文，值得一读。

2001年

许良英致李慎之（2001年8月21日）暂缺

良英同志：

谢谢你寄来的照片。

你给我的讲科学与民主的信早已收到。我仿佛记得给你回过信了，现在看来是出于我的误记。特此向你道歉。

诗，我也不懂（对现代诗比对旧诗更不懂），但你寄来的王的诗，可称完全不懂。还有一位江婴，说是因为你的叮嘱把诗集寄给了我。也实在不大好懂。他还陆续把新作寄来，我无一言回报，实在不好意思。

我最近收到几篇好文章，将交老华由他复印后送你，上周交他的一篇是袁伟时讲孙中山的，有四五万字，认为孙不懂民主尽搞专制的事，还搞阴谋诡计，我看了深受教育。只是转念一想，孙犹如此，他人可想，这实在是因为中国专制主义传统太根深蒂固的缘故，再想想我们自己，再看看现实，实在不胜任重道远之感。

杨奎松的书我知道其部分内容，也在《百年潮》《炎黄春秋》等上看到，以后有机会是想通读全书的。真相渐渐泄露，可是封锁仍严，民智无法提高，奈何？

半年来很少见老华，顶多来过两三次，不知他如何了。祝好！

李慎之

2001年8月23日

慎之同志：

8/23信收到多日了。

江婴我未见过面，林牧向我介绍他的诗集，读了其中反右30年祭的长诗，有共鸣，于是建议他送诗集给你和邵燕祥，因为你们都是右派，又都会古诗，可以成为诗友。我没有古诗文素养，对古诗一般敬而远之。

老华我已三、四个月未见面了，不知他忙的什么。你介绍的两篇长文，很迟他才托人送来。来棣都仔细读了。她认为袁伟时评孙中山的文章很有价值，文中披露的有些历史事实，她还是第一次听到。不过，对孙中山的自由、平等、民主思想的演变，15年前她写过一篇论文，对孙中山的一些反民主的言论提出比较尖锐的批评。当时近代史所所长刘大年认为是大逆不道，企图阻止她参加1986年11月在广州和翠亨村举行的"孙中山研究国际学术讨论会"。现检出她的论文，复印寄上，未知你是否感兴趣。来棣从1952年开始到1987年离休，三十五年专门研究共产党建党、五四运动和辛亥革命，1985年还曾就辛亥革命的评价问题与当时社科院院长胡绳公开论战。胡绳在这次论战中的表现并不像你和别人悼念他的文章中所说的那样谦虚、平等待人。你如有兴趣，我可以把来棣评胡绳的论文也复印给你。

至于另一篇据说也是你介绍的达公的长文，我们认为并无多少学术价值。作者故弄玄虚，生造一些名词，把人所共知的常识变成不知所云的文字游戏。如说什么"暴力赋敛集团与福利生产集团的均衡关系",文革是"最激烈的民主与最极端的独裁的汇合点",毛泽东在文革中建立了"群众监督制度",以及"西方前辈""购买一个将暴政永远控制住的可以信任的宪政制度"。看来作者对西方的历史基本是无知的,但信口开河地作出可笑的论断。

半个多月前读邓力群等17人反对"七一讲话"的公开信。对这批打棍子的老左,我一向极为反感,但出人意外,这封信是击中要害的。我听说要吸收资本家入党,就觉得十分荒唐,要这样做,只有把"马克思主义"和"共产党"的招牌都丢了,才能说得过去。

又,官方天天自诩"代表先进文化",可是政治高压,意识形态严控,思想定于一尊,分明是中世纪文化,与现代文明背道而驰,自诩者竟不感到脸红!不知你对这些事有何感想?

林贤治在《书屋》上批评你的文章,我们认为没有多大意义。他写文章锋芒毕露,可惜往往显得浅薄、褊狭,缺乏严谨的治学之道。

祝好!

许良英

2001年9月11日

良英同志：

9月11日大函收到。

吸收资产阶级入党，在中共是有先例的，如抗战前宁绍保险公司董事长胡应麟是正牌资本家，又确是正式共产党员，不过这样的例子甚少而已。我以为要大规模吸收资本家入党，顶多只要组织部发一文件就可以了，犯不上这样大肆宣传。目前这样铺天盖地的宣传就某方面实已等于或超过文革的宣传（当然，从"势头"讲，对毛那样的个人迷信至少在目前已不可能重现）。我本着"和平演变"的主观愿望出发，总还希望它在如此大规模的开场锣鼓以后会有什么新的"纲领方针政策"（官方用语）出台，如果能够出台一个"私有化"就很不错了（官方一定是会叫"民营化"），不过，这很可能是我的幻想。

关于"三个代表"，虽然过去没有这个说法，但我们年轻时参加革命时历来都认为"马列主义、毛泽东思想"就是代表三者，就是再加上几个代表都可以（比如说代表最先进的生产关系，最高的人道理想……），总之一切都是最最最。也正因为如此，我从接受马列主义、毛泽东思想以后，就再也不用努力学习了。袁伟时的文章使我大开眼界，王来棣同志的文章虽然短，但是也使我对孙中山有了一个轮廓的、全面的了解。而这是我本来极其模糊，甚至缺如的。因此，她与胡绳论战的文章，我还是很想学习一下。

胡绳本来是一个官方学者，自从1945年响应了一下胡风以致挨批以后，就更听话。所以他1982年把《鸦片战争到五四运动》送我，我连翻都没有翻一下。他一直是一个卫道者，1985年批王来棣是当然的，只是总算到生命临近结束的时候还居然有些反思，比起邓力群他们来，还要算好的。我小时候读他批冯友兰的文章，后来把他的三个阶段与冯的三个阶段相比，现在觉得他比冯其实还差得多。一是因为学问少，没有冯那样的学者训练；二是因为他的见识比起冯来还是狭小，不过他始终是一个"本分人"，比起现在胡作非为的高官们，就算是可贵的了。你来信那天，在纽约和华盛顿发生了惊天动地的大事，据说中国民间的情绪以幸灾乐祸为主，清华北大尤其如此。可叹！

　　即颂
大安

李慎之

2001年9月16日

2001年

良英同志：

　　这篇文章是著名的律师张思之（江青的指定辩护人）给我寄来的，据说作者认为自己有"新观点"，有"突破性的建树"，因为"仰慕"我，要我指教，并推荐给刊物发表。我看了一遍，基本不懂，本来想以此回答他，表示婉辞。但是再一想还是请你看看提些意见。我个人当然曾是一个唯物主义者，也因此而对第一性、第二性的问题有过强烈的兴趣，但是近三十年已经丧失了兴趣，认为对社会科学简直无任何意义，也许对自然科学还有意义，因此向你求教。

　　四天前曾上一信想已收到。

　　即颂

秋安

李慎之
2001年9月19日

慎之同志：

9/16 信收到。

1985年来棣与胡绳争论的经过，我请她直接给你写信。现附上她的信和文章，以及胡绳给她的信。从胡绳这封信来看，他当时的态度比起陈伯达、邓力群之流的言行是好得多了，甚至比胡乔木也好得多。胡乔木从1978年的理论务虚会到1983年发动反精神污染运动所表现的两面派和狰狞的面目（两者都得到邓小平支持！），其恶劣程度不亚于陈伯达、康生。胡绳多少还有一点学者本色，不摆官架子，也不想整人。在官场中，这样的人确不多见，但完全无法与胡耀邦相比。（顺便附寄6月写的怀念胡耀邦的短文，其主要的内容半年前见面时曾向你诉述过。）

关于"三个代表"，我自己1940年接受马克思主义时确也是这样想的。但在1974年从对毛泽东和共产党的迷信中醒悟过来，随后又系统地学习西方近现代史和世界各国现况，对马克思主义的信念也完全幻灭了。坚持专政反对民主者要标榜自己是"三个代表"，纯属自欺欺人。连思想自由、言论自由、出版自由、新闻自由都不允许的文化，是典型的中世纪专制文化，与现代文明完全对立，竟厚颜无耻自诩为"先进文化"的代表。当然，权贵们会玩弄时髦的名词，把自己装扮成懂得"先进文化"的，可惜每次总要露馅。例如，1997年江核心访美前夕接受《华盛顿邮报》记者采访，大谈Einstein和"相对论"，说爱因斯坦的"相对论"认为真理都是相对的，因此，人权和民主也是相对的。第二天《华盛顿邮报》记者给我电话，告以江的访谈内容，要我加以评论。我答：江是不懂装懂，信口开河，犯了双重错误。首先，爱因斯坦的"相对论"不是哲学上的"相对主义"，而实际上是绝对论。相对论的前提"相对性原理"是：自然规律与观察者的运动状态无关，也就是说，自然规律对于任何观察者都是一样的。其次，人权和民主理念，是人性在人类社会生活中的体现；由于人性基本上是共同的，人权和民主对于全人类具有普遍意义，不存在所谓"相对"的问题。

昨天和上周听到你对法国国际广播公司关于"三个代表"的谈话，说对此持"谨慎的乐观"，我觉得你太天真了，心肠太软，难免为终年不绝、铺天盖地的甜言蜜语所动。我则学鲁迅那副铁石心肠，用冰冷的解剖刀来剖析自己，也剖析别人和一切。记得两年前你在文章中指出：我们生活在"谎言世界"，几千年来中国文化传统直至今日都是"专制主义"，真是掷地有声。"三个代表"提出后，是否情况改变了？我根本看不出有丝毫好转的迹象。相反，我看到的是：对人权的侵犯更严重，对意识形态和出版物的控制更严酷。政治情况是明显的倒退，看不出一点可以"乐观"的地方。那个被海外媒体吹捧为"开明派"的潘岳的《对革命党向执政党转变的思考》（据说起草人有张显扬），文末已清楚表明："防止资产阶级自由化思潮的泛滥"，"只能坚持一党执政下的党内民主，决不搞多党制"，"决不能搞西方的'三权分立'"，"决不能搞新闻自由"，"不能搞军队国家化"，"决不能搞全民公决与全民普选"，"中国的政治现代化""不是政治民主化"。这个潘岳，1991年9月曾搞过一次臭名昭著的太子党政治纲领《苏联剧变之后中国的现实应对与战略选择》，我至今仍保存着,你如想看,我可复印一份给你。时间过了将近十年,其基本思想还是老一套。真是狗嘴里长不出象牙。

你接受法广的访谈中,对邓小平的评价也过高了。你说他的两大功绩,我认为都不能归他一人。"对毛泽东的批判",文革后党内外一致强烈谴责毛泽东的反人民的罪恶,从1954年开始他不仅没有干过一件好事,而且制造了三次民族灾难,可是邓小平硬说他的功过是7:3(所谓三七开),这算什么批判?至于"市场经济"也不是邓小平1992年提出来的。1986年党内提出"社会主义初级阶段"时就早已肯定了市场经济。几年前新华社有位记者发表回忆文章指出,连"改革开放"这个名词也是胡耀邦于80年代提出来的。当然,邓小平对中国的改革开放是有重大贡献的,但这些贡献加起来也抵不过他于1989年一手造成的六四大屠杀的反人类罪(这是他的一个史无前例的"创举")和1987—89年两年半内一连罢黜两任总书记的恶行。你在两年前的文章中对伪造历史痛心疾首,我完全有同感。被官方千方百计掩盖的十多年前的这些触目惊心的历史,我们怎能遗忘?

拉扯得太远了,就此打住。

祝

好!

许良英

2001年9月23日

由于近年来人们把你看作是中国自由知识分子的一面旗帜,而你以前似乎没有接受过外国电台的采访;作为莫逆之交,我觉得有必要把自己听到这次访谈后的感受如实告诉你。

又及

9月24日

2001 年

良英、来棣同志：

两位来信已经收到。来棣同志的文章与胡绳给她的信也已拜读，我对孙中山本来知之不多（其实我对什么也知之不多），看了以后很有启发。至于胡绳则他能写这么一封信，在当时已较难得。他的《从鸦片战争到五四运动》是 1982 年送给我的，我根本未看，原因就是因为他的观点未变。我在文革中，对冯友兰也是痛心疾首的，后来拿胡绳与他相比，当时有点等量齐观的意思。半年多以后再看，觉得胡的反思实际上比冯还是差得多，这是因为冯的学问是胡根本无法相比的。另外冯毕竟是喝过大西洋的水，见过大世面的人，他最后那本《中国哲学史新编·第七册》我当时也只怪他言不由衷，但现在再看，把毛的一分为二说成是"仇必仇到底"；又说"洪秀全如取得全国胜利，中国历史要倒退几百年"，实际上就是指的当今，而且他隐隐指出中国只有走资本主义道路。这些都比小他 20 岁的胡绳高明得多。而且那还是大批知识分子心有余悸的年月，一个 90 多岁惊弓之鸟的老人说的话啊！

中国共产党可称根本无学者无思想家，此外，中国又有几个人才？中国的人才实在太少了，因此我现在总倾向于"在矮子里面拔长子"。

应法广采访，对我虽非第一次，但确极稀少，我现在是想争取多一些发言机会，但是我总想多少能起一些作用。

这一次，我的想法是，如此铺天盖地宣传确实少见，要使这样的宣传不至于完全出乖露丑，总得"在帽子里变出个兔子"来吧！资本家入党实在犯不上这样小题大做，我看也许有实现私有化的可能（当然，名义上还是只能叫民营化，决不会承认私有化的）。我所以这样叫一叫，当然不是考虑为当局鸣锣喝道，而是希望能给国人一个概念，我要向你表白，我的最高纲领，仍然是"和平演变"。不过由于当局一动不动，我觉得如果能先实行私有化，也可为未来的政治改革，打下一点社会基础。至于政治上当局正在不断收紧，我的文章大概已无在大陆发表的可能，我当然是清楚的。不过，我们已经老了，物质地讲，我们是最少可怕的人，现在老人都越来越衰退，我胆量有限、作用更有限，能叫一声就是一声而已。

我现在越来越相信"苏联的今天就是中国的明天"这句话，一个国家怎么能完全靠谎言维持呢？三年前旧作一篇，也许你未见过，呈上请正。

俪绥

李慎之

2001年9月28日

潘岳十年前在那个提出国有财产党有化的改革纲领，我看过，真不知道他怎么想得出来的。不过现在多少有些进步，这使我想到①启蒙之必要，②启蒙之艰难，③启蒙还是有希望的。惭愧的是我没有做什么工作。

我仍在等你对那篇哲学文章的答复。

又及

2001年

许良英致李慎之（2001年9月28日）暂缺

慎之同志：

9/28信收到很久了。同在9/28我给你一信，收到否？此信是评论一篇你让我审读的科学哲学文章，我是持否定态度的。

你9/28信中所附的《文集》序，早在1998年11月你就曾寄给我，我写了一封不短的回信，对文中几个我不同意的论点提出了讨论。这封我花了功夫写的回信，如果你不曾收到，我可以把当时保留下来的复写件给你。

前天收到林牧同志信，同我讨论"三个代表"问题。他希望你也能看到这封信，特复印一份寄上。他信中引述的胡耀邦的许多话，对于澄清历史事实、批判伪造历史的歪风非常有价值。相信你也会有同感。

  祝
好！

许良英

2001年10月19日

附：林牧致许良英信

良英同志：

  共产党不能代表"先进文化"，你已讲得很透彻了。它也不能代表"先进的生产力"。在机器生产时代,马克思把从事机器生产的工人看作"先进生产力的代表"。列宁后来又把他们限于"有文化的工人"。现在,知识、信息是先进的生产力,代表先进生产力的自然是掌握现代科学知识和现代先进理念的知识分子了。

现在的共产党也不能代表"最大多数人民的根本利益"。现在工人、农民、知识分子的根本利益是个人权利和个人自由。中办和公安部的"敌情通报"把工人、农民集体请愿和集体上访都看作"敌情",以维护自己合法权益的工人、农民、知识分子为敌,怎么能够代表他们的根本利益呢?!

你谈到"篡改历史",我再补充几条历史资料。"改革开放",确实是耀邦首先提出来的。"三个有利于"也是1983年1月20日耀邦在全国职工思想政治工作会议上发表了《四化建设和改革问题》的长篇讲话中首先提出来的。在这个讲话中,耀邦批评了农村要改革城市不一定改革,经济部门要改革,政治、文教部门不要改革的片面改革的观点,提出"一切战线、一切地区、一切部门、一切单位都有改革的任务"。同时提出:"要以是否有利于建设有中国特色的社会主义,是否有利于国家的兴旺发达,是否有利于人民的富裕幸福,作为衡量我们各项改革对或不对的标志。"这就是"三个有利于"的最初版本。胡乔木组织了一篇"人民日报特约评论员"的文章,在同年2月的人民日报上发表,陈云和胡(乔木)、邓(力群)、姚、宋还为此发动了一次未遂的宫廷政变。

在深圳、珠海、汕头、厦门设立特区,也是在耀邦主持的一次书记处会议上定的。陈云、胡乔木攻击特区是"租界",邓小平在长达一年的时间不表态。一年后，邓才带着王震视察深圳，表示支持。1983年12月13日，耀邦批评"清除精神污染"是"有人用封建眼光看待现代文明，要把我们的社会拉回到几千年前去。"

1986年11月，在中央书记处讨论十三大指导方针时，耀邦作了可能是最后一次精彩发言。他说："在本世纪初中国结束封建专制主义以后，特别是五四以来，世界各种流行的理论和思潮都在中国提倡和实验过。中国人民最后选择了民主和科学作为最高社会价值和目标。这是长期专制和落后压抑和困扰下的中国人民的最后选择。四十年建设，十年动乱，又加上了一条法治。这些已成为全党全国人民的共识。"

在此之前，耀邦在接见法国一位领导人时说：多党制也可以在中国试一试。共产党可以参加竞选，如果人民不选共产党，那就说明人民不拥护你了。可惜我的许多材料都在两次抄家中被公安部门没收。我找不到原话和谈话的时间了。

请看耀邦当时的思想，比之邓、江不知要高多少倍！

此信可否请慎之同志看一看。

问好！

林牧　10月5日

我准备参加慎之和袁伟时等研究的问题之一——自由主义为什么在中国屡遭排拒？关于"三个代表"，我再想想，如果想清楚了，也可能写一点东西。

另：多种经济成分，耀邦在1979年就提出了，他当时的提法是："全民、集体一齐上"，未强调以公有制为主体。可惜，我现在找不到文件。

良英同志：

10月19日大函收到。谢谢你转给我林牧同志给你的信。不过从他的信中看，你有一篇论三个代表的文章，不知能否掷下，赐我一读。

你说你在两三年前收到我为哈维尔文集写的序，你还写了一封"不短的回信"提出了意见。但是此事在我现在的脑海中已是一片空白。当然可能是我老迈糊涂忘光了，也可能是我并未收到。现在只有请你再寄一份复印件给我。

那篇科学哲学的文章，我本来也持否定态度，又怕没有把握，在收到你的来信后，已把此意告诉转来文章的张思之同志了。给你添了些麻烦，顺致歉意。

祝
好

李慎之
2001年10月23日

慎之同志：

10/23 信收到。

我并没有写过讨论"三个代表"的文章。只不过把我给你的那封信复印了一份给林牧同志，想听听他的意见。我目前还是回到原来的工作，在读有关 Jefferson 和美国建国初期的文献，没有打算要写论"三个代表"之类的文章。

三年前关于 Havel 文集序的讨论，我找到了你 1999 年 8 月 23 日（大概你从美国回来后不久）的信，对我 1998 年 11 月 27 日的信作了答复。我觉得这样的讨论是很有意义的，你既然已记不起来，不妨把这两封信都复印给你。

最近你在研究什么问题？

祝

好！

许良英

2001 年 10 月 30 日

慎之同志：

　　七天前寄上一信，谅已收到。

　　昨天读到朱学勤年初写的长文《答元化先生书》，是一位青年朋友从网上下载的。这封信披露王元化对你心怀忌恨，造谣你在"拉帮结派"，我感到震惊，也为你不平。我孤陋寡闻，又不会用电脑，朱学勤这样重要的信昨天才见到。我原来以为，你和王元化被人称为"南王北李"，关系会是很好，想不到竟会出现如此严重的分歧。你是否可以告诉我事情的原委？我猜测，分歧可能来源于对五四和中国传统文化的评价。近十年来，王元化对五四的否定，宣扬杜亚泉甚至辜鸿铭，吹捧新儒家，这种复古倾向，稍有良知的知识分子都不会苟同的。他对你的忌恨，不足为奇，但要公开造你谣，心术未免太卑劣了。

　　心里惦记着这件事，盼回信。

　　祝

好！

许良英
2001年11月7日

良英同志:

前信收悉。今天收到 11 月 7 日信,你提到的问题正是我最不愿意说的。不过既承下问,不得不简复如下:

王元化我过去并不认识,大概五六年前同在杭州开会才认识的,当时朱学勤也是初见,经过王介绍才认识。以后我去过上海两次,每次都去拜见王,听他长谈对毛、对鲁迅的不满,以及他的学术见解。前一次我住在复旦大学,复旦老校长谢希德之夫曹天钦是我同学因此熟悉,她请我吃饭后,我因知道她与王同住一个楼,请她带我去的。后一次就是朱学勤信中提到的那一次,在 2000 年 5 月,我去上海大学开会,朱学勤是主人,开完会,他送我到王元化住的衡山饭店的一个房间里,他当时已知道王元化对我有意见,但是并没有对我说。谈话间,王主动说有一个加拿大学者梁燕城对他说,我说王是"官方学者",我当即否认有此一说,朱以为王亲自说出王对我有意见的原因,又经我亲自澄清,以为前嫌已释,大感快慰。不料王以后仍然责备我和朱拉帮结派,遂愤而答以此信。今年夏天朱来北京,我认为朱多此一举,还说什么王李"有隙",其实我们根本说不上有多少关系,遑论"有隙"。朱则说这封信大有必要,因为以前在上海开会时,王和王的部下就会散布流言,经朱在网上发表此信以后,就耳根清净,再也不见王提及此事了。我心里虽不以为然,也就只好听之任之了。

事实上,我跟朱学勤"拉帮结派"的可能性与同王元化"拉帮结派"的可能性一样小，因为见面与联系的机会几乎一样少。

这件事的起因，我以"阴暗的聪明"推测，实际上起于1995年丁东吹捧我们两人为"南王北李"事。

丁东自我四年前中风住院，他来找我要我为顾准日记写序以后一直未再见，直到前两个月才忽然带了几个年轻人来看我。我告诉他"都是你的'南王北李'惹出事儿来了"。丁东微笑颔首。我认为他也承认自己是种下了祸根的人。

据上海的朋友告诉我，王一再在公开场合大声否认"南王北李"之说。我其实也是否认的，不过不是大声，而只是低调的说一声"我哪配"。我是不敢高攀，他是不甘俯就。

有人给我算一笔账，我在哪些地方得罪了王：

1、顾准是他的老朋友，是他向世人推荐的，我偏偏不识相也写了一篇介绍顾准的文章，还给《顾准日记》写了序。

2、新启蒙本来是王在80年代初发起的，偏偏我在90年代末又写了一篇《重新点燃启蒙的火炬》，鼓吹五四，而这时他已推重杜亚泉，认"五四"为过于激进了，我简直是同他唱对台戏。

3、我写过一篇《钱锺书为胡乔木改诗》的文章，王认为我居然与胡乔木这样的坏人划不清界限。

4、我前几年写过一篇追悼九十老人匡亚明的文章，王当面给我讲过"匡亚明这人不好"，匡晚年与我还谈得来，但我对他知之不多，并不知道他哪里不好。

5、还有一点，是我与朱共同的，即公然提倡自由主义。朱还著文，说我是中国90年代重提自由主义的第一人。

以上是我所能想到的全部，但是我想如果不是有丁东的"南王北李"之说在前垫底，这些大概都不会引起王对我的不满。

叨在知我，详陈如上。其他实在想不起有什么了。这是我第一次因为有人问而正式回答这个问题。我把一切知道的、猜到的都说了。希望这是我最后一次谈论这个问题。

我一向自以为不学无术，虽然到社科院任职（我从不讳言，我是胡乔木提拔的），但是我始终不敢申请职称。1988年中央规定予一千名知识分子以"特殊贡献奖"，我也以自己不配，辞谢不受。（不过王可能对名位比较在意，去年见面时，他在谈话中忽然冒出一句"其实你的地位比我还高"，颇出我意外。）今后也只能就自己能感到想到的地方尽量多写一点东西，以期有益于中国。招人不满，我只有低调处理，听之任之，如此而已。

李慎之

2001年11月12日

2001年

慎之同志:

11/12信收到多日了。感谢你对我的信任,坦率而详尽地告诉我你所以遭王元化忌恨的缘由和原委。这加深了我对你们两人的了解,也印证了近年来王元化的文章留给我的基本印象。

王元化,我从未见过面,也未读过他的著作,只在90年代以后读过他在《文汇读书周报》上许多又臭又长的文章和访谈录(林贤治写过一篇评论,基本论点与我一致)。我原来只知道他反胡风时受到比我们这些右派更惨的遭遇,以为他对历史和现实的看法会与我们相似。1988—89年间,听说他在上海提出"新启蒙运动",我以为总不外乎重提五四的"民主与科学"。可是,以后包遵信告诉我,1989年初王元化来北京为宣传他的《新启蒙丛书》找过包遵信。包问他,新启蒙是否涉及"五四"的民主启蒙?回答竟是否定的!这算什么"启蒙",包对此也表示不满。(顺便说一句,1989年为纪念"五四"70周年,台湾《中国时报》约我撰文,我写了一篇短文《"五四"和中国的民主启蒙》,同时也送上海《世界经济导报》,在其终刊号上发表。此文六四后遭到官方围攻。)由此可见,他十年前所谓的"新启蒙",与我们所理解的"启蒙"完全是两码事。他所以忌恨你,恐怕不是因为你也用了"启蒙"这面旗帜,而是由于两种"启蒙"精神上的对立。看来,他十年前就对五四持否定态度。90年代初他去欧洲参加一次汉学家会议,回来大肆宣扬台湾留美学者张灏斥责五四时提倡的民主是"高调民主",同时为杜亚泉和辜鸿铭翻案;并且利用顾准的声誉，把顾准对希腊民主制（和直接民主）错误的理解加以无限夸大，作为自己反对民主理念的盾牌（他这一招对刘军宁产生了影响）。

王元化的所谓"新启蒙"究竟要把中国引向何方？是一个值得研究的问题。1988年前后，他似乎看中了北京的金观涛，碰巧此人的底细我完全清楚（他的父亲是我大学低一年级的同学，他1965年进北大化学系，实际只念了一年书），从1978年起与我打过多次交道，始终没有给我留下一点好印象。听说他1988年曾被邀去上海作演讲，竟要卖门票。他1987年初从美国回来经香港接受《百姓》半月刊陆铿的采访，说了这样两段令人震惊的胡话：
（1）、美国人是物质丰富、精神空虚，因此中国的改革不仅是中国一国的事，还要解决全世界的精神生活问题。（2）、1986年国内学潮平息了，现在可以放手地搞改革了！到了1988年他在《光明日报》等报刊上声称：民主仅是一个"朦胧的理想"，我们不知道它是什么。我曾当面驳斥他：是你自己没有读过民主的书，不懂民主是什么，怎么可以说人家也不懂。他倒是老实承认了。这种人很会钻营巴结权贵（如邓力群），又善于投机取巧，很有蛊惑人心的本领。他编的《走向未来丛书》中有一本名《走向现代化国家之路》，结论中竟然提出：落后民族要实现现代化，只有依靠"专制的铁腕"。这是吴稼祥1989年初抛出"新权威主义"的先声。当时我写过几篇批驳文章，内地报刊都拒绝刊登。回想起这段往事，心境难以平静。

王元化平反后，先在中国大百科全书出版社上海分社担任领导职务，后任上海市委宣传部长。1984年左右，大百科上海分社一位青年编辑人员对我说：王元化很霸道。当时王元化并未引起我注意，因此未进一步问清具体情况。现在从朱学勤的信和你所说的一些情况看来，他的确是够霸道的，也很有拉帮结派的本领。

你说自己"不学无术"，是谦虚得太过分了。你长期担任行政领导工作，没有充分时间从事系统的学术研究，在一些具体的学术问题上，自然不可能像专业人员钻得那样深。但你家学渊源，中西文化根底好，眼界广，既有胆识，又有强烈的社会责任感，决不是那些鼠目寸光钻牛角尖的所谓专家所能比拟。王元化自恃是专家，他的所谓"反思"，就是不顾一切地钻牛角尖。这种所谓"学术"，实际上是伪学术，只能自欺欺人。这种伪学术，十几年前我在被台湾人供奉为超级国学大师的钱穆的著作中就领教过。他大言不惭地吼着：西方的民主与科学都是从中国传去的，中国历代王朝都不是专制的！

拉扯得太远了，就此打住。祝

好

许良英

2001年11月21日

良英同志：

　　11/21大函收到，谢谢你对我的关心，我只希望这件事以后再也没有人提到，渐渐淡忘。

　　不过你说80年代初王元化提出的"新启蒙"竟是否定五四的新启蒙却使我大感惊讶。我不能想象除了回到五四以外还能有什么"启蒙"。另外你说王是88—89年间提出新启蒙的，而我的记忆中却是80年代初，务虚会议刚开过不久，当时要求思想解放的冲力较大，而上面的禁忌却还很多，王因此受了些批评。我当时消息不灵通，这些就是我记忆的全部，既然有所谓否定五四的启蒙，倒很希望能赐告一下，也可开开我的眼界。

　　专此

敬礼！

李慎之

2001年11月22日

慎之同志：

信收到。这封信邮戳是 11/26/2001，信中日期是 11/22，想系 11/26 之笔误。因为我 11/21 信不可能于 11/22 收到。

王元化提出"新启蒙"，在我的记忆中是在 1988 年，不可能在 80 年代初。我自从 1974 年从对毛泽东和共产党的迷信中醒悟过来以后，一直比较关注思想理论界的动态。80 年代初还是处于 1977 年胡耀邦发动的思想解放运动的高潮期，大家都习惯于用"思想解放"这个词，在报刊上和各种正式集会上，似乎没有人另外打出"启蒙"旗号。唯一例外是 1978 年贵州青年诗人黄翔等人以"启蒙社"名义到北京天安门广场游行并在西单贴大字报，引发了西单民主墙运动。我只知道"启蒙社"的人以后都被抓了。可惜他们的大字报我无缘见到，估计可能是呼吁自由、人权。在我印象中，王元化并不是 80 年代初思想界的活跃人物，不大可能在那时就提出"新启蒙"的口号。你说王在理论务虚会后受到一些批评，我没有听说过，也没有听说他参加过理论务虚会，而只知道他和王若水参加过 1983 年以周扬名义发表的关于马克思主义和人道主义论文的起草，胡乔木所攻击的是王若水起草的部分，而王元化起草的部分并无"出格"表现。

你希望我提供王元化"新启蒙"的具体内容，实在乏善可陈。因为我只在 1989 年初听说王元化要搞一套"新启蒙丛书"，对其具体内容一无所知。直至 1993 年包遵信出狱后找我交谈中才知道当年王元化的"新启蒙"与五四的启蒙精神不是一回事。至于否定五四，是我从90年代初以后王元化以"反思"名义发表的文章和访谈所得出的结论，不一定就是他1989年编《新启蒙丛书》的宗旨。据他自己说，他是90年代初经过"反思"后否定了五四，以后他似乎也没有再用"新启蒙"这个口号。因此，我只能断定他的"新启蒙"与五四无关，不一定一开始就是否定五四的。至于具体情况究竟怎样，你最好问问朱学勤等上海友人。在人文科学方面，我在上海没有一个熟人。在你了解到具体情况后，也望转告我。

"新启蒙"这个口号并非王元化首创。1935年"一二·九"运动时期，陈伯达、张申府等共产党员和马克思主义者就搞过一个"新启蒙运动"，主要是宣传马克思主义，认为马克思主义是五四启蒙思想的提高与发展，加一个"新"字以示区别。遗憾的是，半个世纪后王元化重提这个口号，究竟想宣传什么，我却一无所知，而他随后的表现，显然是根本否定五四启蒙精神的。祝好！

许良英
2001年12月1日

慎之同志：

不觉又过了一个新年。新年过得好吗？

关于王元化的"新启蒙"，最近得到两个信息，应该通报你。

1、元旦假期有位相识多年的青年朋友来访，89年时他是北大四年级，博览文史方面的书刊，以后迫于生计未能继续下去。他告诉我，1989年1月他看到过两本王元化主编的《新启蒙论丛》（也可能是《新启蒙丛书》，我记不准确），是湖南出版的，小开本，篇幅不大，类似一种刊物，好像有金观涛的文章。其宗旨与主要内容，他已记不清了。

2、前天读到2001年12月29日《文汇读书周报》上一篇吹捧王元化《90年代日记》的书评《一个知识分子的日常生活史与心灵史》，讲到"他所说的启蒙，主要是人的自我启蒙"，非常抽象，但后面提到林毓生"认为他的新启蒙失之保守"。他以王国维和熊十力作为自己人生的榜样。熊十力我不很了解。王国维我从青年时代开始就比较关注。他既然自愿做殉清的遗老，谈不上有真正的独立人格，配不上陈寅恪加誉于他的所谓"独立之精神，自由之思想"。王元化自己要学习王国维却又要高唱"新启蒙"，实际上是一种反启蒙，使人堕入愚昧和迷妄。王元化既崇拜殉清遗老，却又把 Socrate, Bruno, Spinoza 拉扯在一起，不仅是不伦不类，也是对这些彪炳千古的思想解放先驱的亵渎。这篇书评提供的信息倒不少，现复印一份寄上，很可能你早已见到过了。

你最近忙于写什么文章？祝
撰安！

许良英
2002年1月8日

良英同志：

1月8日大函收到，感谢你有什么消息与新知就与我分享的友情。

本来有人常把网上的文章下载给我，最近更有人把法广广播的好文章录音下来，再整理成文供我参考。发现你似乎在研究民主学说，如果还未成书，至少已经成文，内容十分扎实丰富。如已成书，要请你惠赐一册。

近来一直想写一篇文章：《全球化与全球价值》。我的意思是，以我生八十年的经历再推广到人类近五百年的历史，民主已是一种全球价值，而且必然要更推广、更深化，中国的改革，只有融入全球价值才有前途，其核心的价值即是自由，即是人权。但是冗事杂迷，文思艰涩，恐怕还得一两个月才写得出来。届时定当呈正。

敬礼！

李慎之
2002年1月12日

慎之同志：

　　1/12 信收到。信中提到的那位热心人大概是前新华社的摄影记者戴戈之，他也是杭州地下党员，但去年我们才认识。他说1957年也被打成右派，曾同你一起劳动过。他很热心，又在《文摘报》工作过，喜欢收集文章转发给朋友阅读。你"发现"的我那篇旧作是九年前写的。我好像曾告诉你过，近十五、六年来，我和老伴王来棣在合作写一部普及性的学术著作，以论述民主的历史和理论。来棣执笔的古希腊和近代中国部分早已写成，我分担的部分则因健康和杂务干扰，时断时续，估计至少还要努力三年。由于我们原来对西方历史并不熟悉，要阅读大量著作才能理出头绪来。每写下一句话都要参照多方面的资料，比我以前写科学史和 Einstein 研究都要困难得多。

　　前天在海淀一家书店里见到一本李铁映《论民主》，大吃一惊，这个不学无术的官僚居然抛出一厚本侈谈民主的书。为了供将来批判之用，花了30元买了回来。回来翻开《后记》，原来这是社科院一个有26人参加的课题组集体产品，显然李铁映不过是挂个名而已。关于这本书和这个"民主问题研究课题组"，你是否有所闻？能否提供一些我所必需的信息？

　　你想写关于全球化和全球价值的文章，这确是一个值得深入研究的重大现实意义的问题，我一直也很感兴趣，五年前曾写一篇以访谈形式的短文，接触到了这个问题。现寄上请批评指正。

2002 年

致
敬礼！

许良英
2002年1月18日

良英同志：

　　大函收到。你猜得不错，我说的那位热心朋友确实是戴戈之。我们是老熟人了，一起劳动改造有两三年，他的大舅子章文晋也是我的老朋友，只是79年改正以后二十年好像没有见过面。

　　李铁映的《论民主》我倒是要了一本，毫无价值，不过印得很漂亮，字也不少，有些最简单的事实，可以当资料查考。自他来院，虽然多次通知开会，甚至"垂询"办院方针，我始终未去，没有见过面，因此无任何情况可提供。他与华贻芳是留捷克同学，据华说，现在志气消沉，我猜测可能是挨了江的骂的缘故，你问华贻芳吧！

　　我十分钦佩你研究民主的学术著作，十年二十年后必然成为"国民必读"。我素无大志，现在想写完几篇文章之后，如果还能活下去，就想另有图谋，到明年开春后再与你从长计议。

　　即颂
春节百福

李慎之

2002年1月21日

　　历来都说启蒙运动是法国人开始的，近据我的朋友陈乐民的研究，伏尔泰、孟德斯鸠都承认是受英国人培根、洛克的影响。

2002 年

把剪报复印一份送上,仅供参考。近代世界的民主可能应当溯源到盎格鲁—撒克逊(英国美国)人。

慎之同志：

1/21 信收到。

陈乐民文中所说的关于欧洲启蒙运动认识的历程，我也有类似经历。1983年以前，由于长期受国内流行书刊的影响，以为法国大革命是民主革命标志，卢梭是启蒙思想家的主要代表。1983年11月在Boston哈佛校园边上一家书店里买到一本小书，Isaiah Berlin，1909—1997）的"The Age of Enlightenment"，讲到Locke，他说："He is the father of the central philosophical and political tradition of the Western world, especially in America"。在读了一系列历史著作和政治思想著作以后，我深深体会到Berlin这句话十分中肯。连Marx在1850年也说过"Locke是自由思想的始祖"。可惜我国学术界对Locke始终没有予以应有的重视，甚至像《政府论》这样的名著，仅有的一个译本，错译处不少（译者还是颇有名气的吴恩裕、瞿菊农等人），而且连原来的《序》也没有译。我是两三年前花了整整一年时间才啃下这部著作的。

三年前，有几个青年朋友和晚辈亲属要在我80岁生日时出一个集子，我领受了他们的好意，从二十多年来的文稿中选出一部分。由于目前没有言论自由和出版自由，只好送到外面出版。几经波折，直至最近才由明镜出版社印出来，上周收到两本样书，现在把目录和序复印给你。这篇序是我一生的回顾和反思，很想听听你的意见。明年您也80岁了，希望能见到你的文集。

2002 年

祝
新春健康如意！！

许良英
2002年1月26日

良英同志：

收到1月26日来信和所附你的简单自述和反对民族主义的答记者问，立场坚定明确，对我很有教益，你的《科学·民主·理性》出版后希望能得到一册。

几个月前得到汪晖的《1989年社会运动与"新自由主义"的历史根源——再论当代大陆的思想状况与现代性问题》，翻了一翻，因为其文字晦涩难懂，未予注意，最近有人寄来批判文章，才了解汪的高论：①把89民运看成是世界反全球化运动的一部分。②把自由主义与民主主义完全对立起来。③把中国的贪官污吏与自由主义并列，认为"六四"是二者共谋镇压人民。……真是匪夷所思。另外我本来以为汪晖文字能力太差，不料恰恰是他这种艰涩不通的文字居然能俘虏大批的青年人，以为是有学问、有见解、有思想，是以为大家取法，结果造成一大批伪学者与伪思想，真是可叹。但是迄今还很少看到有力的批判。就是我收到的这篇批判文章，固然论点很不错，但是文字竟也有"汪味"。

我有时很为我们的年老与孤独感到有些沮丧，因此找你说说。

顺祝

春节快乐！

李慎之

2002年2月11日

2002 年

慎之同志：

春节前夕读到 2/11 信。我那个集子，怎样进来是个难题。以后来了，当奉送一本给你。

汪晖这类"后现代主义"和崔之元这类"新左派"一样，都是面目可憎，他们搬弄一些自己也不懂的生造名词来自欺欺人。汪的三点高论，确是匪夷所思。这类精神错乱者才能说得出的浑话，早在他以前，Frankfurt 学派奠基人 H. Marcuse（1898—1979）也说过不少。迎合官方舆论导向的"后学"、"新左"的出版物泛滥于市场，成为一种时尚，造成了一批伪学者，毒化了人们的灵魂，实在令人忧虑。这股反科学、反理性、反启蒙的逆流，在西方并无多大市场，在国内却红得发紫，连科学史界也有人附和。但出来批判的人还是有的，据我所知，哲学所的徐友渔（1993 年曾与我交谈过一次）就写过几篇文章，还出过一个文集《自由的言说》。你不妨找他讨论这个问题，希望他继续写批判这些谬论的文章。

贻芳转来你悼念王若水的文章，读后深受感动。文中点出毛的"朕即国家"的思想，真是一针见血。不过，美中不足的是，文中一再提到"关于人道主义的争论是 80 年代思想界斗争的唯一内容"显然是以偏概全，不符历史事实。我自从 1974 年破除对毛泽东和共产党的迷信（以后也破除了对 Marx 的迷信）以来，一直关注着国内思想斗争的动向。在我的印象中，人道主义争论由于胡乔木的卑鄙无耻表演而影响较大，此外还有民主与专制（80 年代后期演变为"新权威主义"），思想自由与"反自由化"，以及反对意识形态对自然科学的干扰，等等，都是思想界所关注的。我自己就曾于1981年10月中国自然辩证法研究会成立大会上与棍子何祚庥公开论战，驳得他体无完肤、狼狈不堪。如果80年代仅有人道主义问题的争论，很难设想1987年胡耀邦会被迫辞职，更难设想1989年会爆发空前规模的学生运动。而且，在王若水发表人道主义文章以前，上海女作家戴厚英在小说《人啊人》中也提出类似观点。不过，当时戴厚英和王若水都认为人道主义是有阶级性的，对所谓"资产阶级人道主义"都加以无情的批判，我曾分别给他们写信，指出人道主义不存在阶级性问题，他们都置之不理。关于80年代中国思想意识形态领域斗争的情况，有两位美国政治学教授专门写过书。一本是Boston大学教授 Merle Goldmann（女）（80年代和90年代曾与我见过几次面）的《Sowing the Seeds of Democracy in China: Political Reform in the Deng Xiaoping Era》，Harvard Univ. Press，1994。另一本是John Hopkins大学副教授H. Lyman Miller的《Science and Dissent in Post-Mao China: The Politics of Knowledge》，Univ. of Washington Press，1996。

你仍觉得自己有孤独感，事实上，你一点也不孤独。你的文章，我的许多朋友和青年人都很爱读，听说互联网上你的名字的点击率是非常高的。我是坐惯冷板凳的也不感到孤独，我始终相信"人同此心，心同此理"，与我们心心相通的人是很多很多的。你说对吗？

祝

好！

许良英

2002年2月16日

慎之同志：

久未见信了，念甚。

前几天杭州傅国涌同志来信，希望你对他在《脊梁》一书中关于你的评传提出批评，请你抽空给他一封信。他说，他曾要出版社分别给你和我各寄一本，你的已收到，我的却始终未见到，显然是被邮检者扣下了。

前两天我的孩子许成钢从 Boston 来，带了八本我的文集，现托贻芳同志带一本给你，请批评指正。

敬礼

许良英

2002年4月30日

良英同志：

华贻芳告诉我，你还有一封谈论后现代主义的信，我没有答复，说实在的，我是记得有这么一封信，我因为完全同意你的意见，就并没有认为有答复的必要。信现在还在一个专用的抽屉中保存着，但内容已经记不太清楚了。

《当代中国研究》上有萧功秦的一篇文章，我以为分析新左派还相当详尽，也还中肯。此人本来是一个新权威主义者，三年前因为Kosovo中国使馆挨炸后，中国民族主义大爆发而惊醒，反对恶性膨胀的民族主义，但仍自命为稳健派，对自由主义是同情的而不是反对的。

华贻芳送上尊著，我想从明年起好好学习您的《民主论》，不知有无可能。匆此，余由华贻芳代达。

祝好！

李慎之
2002年5月7日

2002 年

良英同志：

贻芳走后几天，我读你送我的《科学·民主·理性》才发现在封面与扉页之间还夹着你给我的一封信。稽迟裁答，甚歉。

《脊梁》一书，自从邵燕祥给我送来已有一个多月，我当时只是匆匆翻阅一下，没有十分在意。现在既然作者问起我的意见，才又看了一下。我第一个感觉是我不配。第二个感觉是有些悲凉，偌大一个中国，能数得上的就这么些人，而且还有像我这样对民主、自由主义了解甚少之人。应该说我现在觉得你真是可钦可佩，年近八十还下决心研究民主的历史，以你现在的身体精神看，这个任务是绝对可以完成的。我在前几年说过要编一套中学公民教科书的话，说实在的，我并无自己着手来干的计划，只是空叫一句，而寄希望于别人。总觉得年纪老了，此生无望。现在看看后生也没有人认真努力，倒不如像你那样，在几年前就干起来，也许有生之年还能干出些成绩来。但是话虽如此说，我到现在还是下不了决心，心中总觉得还有几篇文章可写，写完了，也就可以交卷了，蹉跎岁月，自感疲沓空疏。

再过两天（5月20日）我就要去杭州，应人之请去讲一讲全球化与民主化的问题。以后的日子到底如何打发，想再认真反思一下。

专此 即请

夏安

李慎之
2002年5月18日

慎之同志：

4月和5月两信都收到，因为你信中说要去浙江，只能等你回来后再给你回信。今天得知你已经回来，并已搬了新家，可以给你写这封早就该写的信了。

你4月寄来的萧功秦的文章，尚可一读。此人过去给我的印象极差。1988年11月"全国现代化理论讨论会"上，我听过他的"新权威主义"谬论，他竟信口雌黄地胡说：外来思想"移植"到中国土地上必遭失败，戊戌变法、辛亥革命就是先例。90年代初，他吹捧陈云，企图捧陈云大腿青云直上，失算了。那时上海另一个吹嘘新权威主义的王沪宁却被"第三代核心"看中，官运亨通。他目前的转变，显然由于这种失落感，这与吴稼祥有些类似。这类投机家，无法使我轻信。

《脊梁》一书，我通读了一遍，觉得基调是不错的，对现实会有冲击力，作者的勇气是值得称赞的。不过，细加分析，还是有不少问题。如余英时的序，把儒家传统与自由主义拉扯在一起，太牵强附会了；而且把美国独立战争时期 Patric Henry 的名言"不自由毋宁死"说成是陈寅恪的"名言"，也实在太离谱了。林牧的序比余英时的好些，但后半部分关于知行关系的议论是经不起分析的，如把孙中山的闭门造车当作"知"，而且相当脱离现实。在众多的评论中，我觉得傅国涌写的比较实在，但也有夸大的地方。如说我走的就是 Einstein 的道路；评论萧雪慧时宣扬了所谓"贵族精神"。至于另一位作者樊百华就不那么实在，议论往往不着边际，且处处卖弄自己。看来他感兴趣的是呼喊的声音，而对埋头苦干的学术研究工作不但看不上眼，还要凭空骂他几句。这种近于无知而又以为自己高人一等的心态，实在有点可笑。

4月间两次看到你给朱学勤的信的复印件，谈的是准备纪念顾准的问题。纪念顾准，宣传顾准，使顾准的珍贵的思想尽可能成为当代中国知识分子的共同财富，完全是应该的，我举双手赞成。但你信中说：顾准是中国近代最伟大的思想家，比五四时期任何一位思想家都伟大。我觉得这一论断是考虑欠周的。顾准的独立思考和不屈不挠的精神令人十分敬佩。我直到1974年才从对毛泽东的迷信中猛醒过来，而他早在50年代就已不存在这种迷信，能够独立地自由地思想。但他70年代以前思考的全是经济问题，而且基本思路似乎没有超出Marxism的框框。从他的日记来看，他是1972年10月从干校回北京后，开始阅读大量中外历史著作和几本哲学名著，可惜不久就患病，1974年12月3日就去世了。他一生中最光辉的思想主要是在这个时期写下的。以带病之身，在短短两年内迸发出如此众多的令人眩目的思想火花，可以说是一种人间奇迹。遗憾的是，两年时间太短，他要考虑的问题和要读的书都太多，有些书不可能读得很仔细和好好消化（如Aristotle的《政治学》就是如此）。因此，这两年他不可能写出一篇完整的文章，而只能留下一些笔记性的文字，其中有不少显然不是深思熟虑的结果。例如关于民主问题，我发觉，他的许多论断，与我们近20年所阅读过的许多关于民主的历史和理论的代表性著作并不一致。他写过《希腊城邦制度》，对雅典城邦的民主制度持否定态度，认为是"贵族政治"，并说Aristotle激烈反对民主制。我们两个人都通读了Aristotle的《政治学》，所得到的印象恰恰相反。Aristotle 对雅典民主制的缺点作过尖锐的批评（他称为"极端民主"），但基本上是赞赏民主制的，认为民主制的精神是自由，在三种政治制度（寡头，贵族，民主）中，民主制最佳。顾准完全否定直接民主制，认为一党专政和"文革"都是直接民主。这一错误论点被王元化、刘军宁奉为经典，也影响了当前一些青年政治学者。他还附和了毛泽东的民主是手段（方法）不是目的的论点。他虽然反对一党专政，主张多党制，但不是真正意义上的多党制，而是"社会主义的两党制"。看来，他对民主概念的理解还是相当混乱的，可以说他的探索仅仅刚开始，还没有彻底摆脱 Marx, Lenin, 和 Mao 的影响。

　　同样，他的哲学思想也不是很成熟的，主要来源于 Marx, Lenin 和 F. Bacon[1]，并竭力推崇 Bacon，提出一个命题"一切判断都得自归纳"。这一体现归纳万能论的命题，无论在日常生活中，还是在科学研究中都是站不住脚的。我们在生活和待人处事中，时时都作判断，其根据主要是直觉或本能；比较复杂的，需要进行分析和比较，但极少要通过归纳。在科学史上，Euclid 创建几何学，Newton 创建力学理论，Einstein 创建相对论，都根本与归纳无关。实际上，Bacon 的归纳不过是爬行的经验主义，而 Bacon 本人在科学上毫无建树。看来顾准在哲学上没有花过多少功夫，对哲学史不很了解，片面地绝对肯定了经验主义，而看不见理性论（旧译唯理主义）的伟大贡献。

　　相比之下，五四时期几位著名思想家，在思想的深度和成熟程度以及眼界方面，显然都不是顾准在生命结束前所能达到的。因为五四时期，知识分子基本上是自由的，而顾准要挣脱几十年

---

[1] 弗兰西斯·培根（1561~1626），英国近代经验论哲学家。

来束缚自己思想的意识形态的禁锢，是极其艰难而又要冒大风险的。因此，我们可以说：顾准是1949年以后中国大陆最伟大的思想家，也可能他是70年代中国大陆仅有的一位思想家。

以上意见是一年多以前就开始考虑了的。不知你是否认为有理？如果你将来要编纪念顾准文集，我想写一篇评论他的民主和哲学思想的文章，你愿意接受吗？

你新居的环境应该比永安里好得多，望你经常去龙潭湖公园活动。我们每星期去一次颐和园后山呼吸新鲜空气。

敬礼

许良英
2002年6月14日

良英同志：

久未通问，想兴居纳吉，为颂为祷。

日前华贻芳过访，托他带上夏中义编的《大学人文读本》三册，又，邵建的《中国自由主义的胡冠鲁戴》文章一篇，想已收到。

中国的自由主义与民主呼声，虽然现在还不成气候，但是在极权高压下，仍是有人在默默研究，竭力撑大言论空间。看到这点，还是令人高兴。

"胡冠鲁戴"，虽然作者给我来信说并不是指我，但是事实上，正是我两年前在那封给舒芜的信中引用胡适自己的话，把鲁迅称为自由主义者，当时心中就有几分不安，总觉得鲁迅也许更应该说是一个共产主义者，但是还是分析不清楚，邵建的文章把胡适与鲁迅的思想体系分析得比我深入了一大步，给了我很大的启发，真是后生可畏。

贻芳告诉我，你对拙文《全球化与全球价值》还有些意见，务请示知，此文尚未发表，还来得及修改也。

搬家四个月来，一下懒了许多，近三个月虽然心中有两题目，材料也搜罗得差不多了，但竟一个字也写不出来，自觉不能集中精力，每天看看各种材料又就蹉跎过去了。岂老之已至欤。

专此奉恳，即颂

秋安

李慎之

2002年10月14日

2002年

慎之同志：

10月14信收到。在此前一天收到了《大学人文读本》，但信中所说的邵建的文章，迄未见到。

《大学人文读本》立意很好，会有助于青年学生扩大眼界，提高思想境界。但所选的文章基本上是近年国内出版的书刊上的，有些质量并不高，而缺乏有真正价值的经典性著作。既名为"读本"，就应该尽量选经典性的著作。如前几年三联书店出的《美国读本》，才是名副其实的"读本"。看来，这套书的编者的主观意愿是不错的，可惜功力不足，对现代文明理解不深，阅历不广。这也反映了当前中国知识分子的浅薄与浮躁。

你5月在杭州美院和浙大的演讲，听说反应非常热烈，令人高兴，不禁回忆起1985年3月方励之在浙大的那次演讲，这是他第一次公开谈论政治问题，当时我也在场。（本来我也准备作一次关于民主概念的演讲的，由于突然视网膜脱落，不得不回北京做手术。）以后读到讲稿，觉得内容确实很好，对官方意识形态有很大冲击力。只是有几处似乎考虑欠周。如说 F. Bacon "以一身而开民主与科学两大价值系统，更是近代启蒙运动的不祧之祖。"显然拔得太高了。据我手头所能查阅到的文献资料，F. Bacon 决不是民主思想的倡导者，相反，而是强大的君主制的代言人，认为君主制可与"上帝的太平盛世相媲美"。他身为大法官，认为法官是"国王座下的狮子"，诋毁主张限制君权的另一位大法官 Edward Coke。值得注意的是，他所阿谀奉承的国王 James I 是一个暴君。这个暴君却打着"自由君主制"的幌子，指的是国王有不受议会和法律约束的自由，只向上帝负责，不向臣民负责。这正是 1989 年吴稼祥鼓吹新权威主义时所引为根据的英国历史上"专制与自由"的调情期的神话。关于 F. Bacon 的政治思想，建议你查阅一下 G.H.Sabine 的《政治学说史》和 L.Strauss & J. Cropsey 的《政治哲学史》。

至于 F. Bacon 的科学思想情况有所不同，有值得肯定的一方面，也有应该批判的一面，正如他在道德上是双重人格一样，科学上也是双重人格。这个问题，早在 1960 年我就曾打算写一篇文章，以纪念他诞辰 400 周年（1961 年 1 月），打破关于他的各种神话（我在 1942 年 Galileo 逝世 30 周年和 1943 年 Copernicus 逝世 400 周年时都曾发表过纪念文章）。可是考虑到自己是在农村劳动改造的右派，文章不可能发表，就没有动笔。他的主要功绩在于宣传科学技术对人类社会进步的巨大推动作用，以及对神学和经院哲学的否定。他最得意的归纳法，由于他轻视假说、演绎和数学方法，对实际的科学研究工作不可能产生任何积极作用。而且，他对当时科学的重大成就近于无知，对 Copernicus 的日心说甚至持否定态度。虽然他也亲自做了不少科学实验，但他在科学上毫无建树。他在科学思想上的贡献远远不及同时代的 Galileo（1564—1642），根本谈不上是什么"不祧之祖"。

此外，说科学是"价值系统"，似也不妥。据我所知，价值（value）是指伦理道德准则，属于人生追求目标中的"善"的范畴，与意识形态有关。而科学追求的是"真"，与伦理道德、意识形态无关，因此不能与"价值系统"挂钩。

2002年

又，你在讲稿中说 Adam Smith[1]（1723—1790）"开启了近二百年的市场经济"，似乎也欠妥。根据常识，市场经济是伴随商业活动而产生的，2500年前的古希腊商业就很发达。作为欧洲文艺复兴运动的社会基础就是从事商业和手工业的市民。Adam Smith 不过是深入分析了已经存在了几千年的市场经济运行机制，提出自己的经济理论，而在以前已有不少经济学家进行过各种探讨。

讲稿中讲到美国制定宪法时，全国"半数人口是黑人奴隶"，这个数字不知出于何处？我怀疑其真实性。大家都知道，美国目前人口黑人占13%左右，200多年间人口比例变化不可能有如此之大。S. E. Morison 等人的《美利坚共和国的成长》中译本上册 p.620 上有一张1850年美国南部蓄奴州全部人口统计表，其中白人624万，黑奴320万，比例是2:1，北方各州则无黑奴。讲稿提到"20世纪以来民主还有程序民主与实质民主之分"，我孤陋寡闻，以前没有听说过。我估计这大概是"新左"或"新马"之流的创造，正如他们所创造的所谓第二代、第三代人权那样，不过是自欺欺人的花招。你说陈独秀是由于"受实质民主的蛊惑"而否定民主的，事实恐非如此。他1920年的文章中明白无误地表明，他是用 Marx 的无产阶级专政和阶级斗争的理论来否定民主的，他似乎从未把无产阶级专政看作是"实质民主"。

信写得够长了，有些话可能说得不对，希望你也同样坦诚地把自己的意见告诉我。我认为，没有真挚坦诚的思想交流，就不可能有真正的同志和朋友之情。记得6月中旬我在给你的信中花了很多工夫讨论对顾准的评价问题，我不同意你在给朱学勤信

---

[1] 亚当·斯密（1723~1790），英国经济学的主要创立者。

中称顾准为中国近代最伟大的思想家,超过五四时期的所有思想家。我在信中引用顾准的原话,说明他的民主思想非常混乱,哲学思想也很不成熟。四个月过去了,未见你回信。当然,你可能不同意我的意见,但总该告诉我,以便以后可以继续讨论。没有回应,没有反馈,总非交友之道。你说对吗?

  祝

秋安

许良英

2002年10月20日

2002年

良英同志：

日前收到你10月20日来信，承蒙你提了一些很可贵的意见。

我确实不记得你在6月中旬给我写过一封评论顾准的信。我是6月1日从杭州回京，从机场迁入新居的，在我的记忆中，从那时（6月1日）起并没有收到过你的任何信件，很可能寄丢了。（搬家以后，华贻芳两次来我家，都问过我为何不复你的信，我说是以前的都复了，近来没有收到过你的信。）

我对顾准估计是很高的，理由有二。一，顾准说他可以得三个博士学位：①数学，②经济学，③历史学。这话我是相信的，因为近代以来中国当然也有不少思想家（也许可以包括毛泽东这样的"权威"），但是同时对这样几门学科下"死工夫"（或者以顾准自己说的那样下"笨工夫"）的人，可以说一个没有。梁启超、陈独秀、胡适已经是佼佼者了。他们确实是思想敏锐，气度恢宏，文才更是佚群绝伦，但是都不如顾准那样集中精力，钻研深透。二，顾准是在毛泽东的绞肉机里几乎走完全过程的，因此他的觉悟特别可贵，对今日中国的意义也特别大。你也知道共产党的组织纪律观念有多强，但是他的结论居然是"痛苦地"从理想主义回到经验主义。这二十多年来我也接触过党内不少"思想解放"的老同志，但是没有一个达到顾准的标准的，从胡耀邦到孙冶方到王若水。（也许你是例外，我下面再说。）事实上顾准已经成为民主派或者自由主义者的一面旗帜。我是相信传统的力量的。就是所谓"莫为之前，虽美而不彰；莫为之后，虽盛而不传"。民主思想正式引进中国还不足百年,根子还没有扎下就被灭绝五十年,现在也还说不上再生。所以即使以后一定会出现以民主为目标的思想家,也必须要高扬顾准承前启后,存亡续绝的作用。

不嫌狂妄地说,我的二次觉悟(一次觉悟是马列主义觉悟)大体上与顾准是同步的(我是1960年看穿毛泽东式的社会主义而重新确立新民主思想的,也可能比顾准晚了两三年)。但是我的斗争意识远远比不上顾准,我的心情灰到"他生未卜此生休"的地步,书倒是不断地看,像哈耶克的《通往奴役之路》,熊彼得的《资本主义、社会主义与民主主义》,几乎在"内部"一出来,我就能看到。但是我一来从青年时就没有做过学问的训练,二来是根本没有觉得自己还能有著书立说的可能,当时对自己的最高要求就是做个明白鬼算了。到"改正"以后也有好几年还是这个心情,只是做官做事大体倒还能做到按自己的原则行事。近几年才想到还有可能发挥些余热,但是又觉得桑榆晚景干不了多少事了,就一年写几篇文章,最长不过万字,自认为想通一个问题就写一个问题。其间还有一段时期,因为对毛泽东批儒的反感,觉得中国传统文化远没有毛的极权主义那么坏,还一度迷醉于新儒家的学说,这就是我曾经对你自称也可以算"半个新儒家"的原因。

因此,不是我恭维你,在我朋友中,我认为只有你一个人虽然似乎觉悟稍晚而见机甚早,并且全身心投入对民主思想与制度的研究,虽然现在还没有完成,但是不久以后一定可以完成。这点是我对你极其钦佩(好像我有次在信中曾向你表白过)而迄今没有志气与信心向你学习的。

我过去几年的"工作"进度是很慢的,自己觉得虽然效率不高,但是还能"赶趟"。不过最近以来,我突然直觉地感到中国应当有一批"战斗的民主主义者",然而全社会好像都没有这样的准备。我有三个小圈子,一个都是八十以上的人,一个是大约六十到七十的人,另一个是大约五十上下的人,每一两个月聚会一次。我近来一再呼吁他们研究民主的理论和制度,但是除了年轻的一批外,反应都很冷淡,我也以你的努力与我的疲塌为例进行说服,结果也不理想,这些人差不多都想通了中国的唯一出路是宪政民主,我就劝他们研究一下宪法。万一形势急转直下,这些自认为的民主主义者连部宪法都拿不出来,怎么行呢?

你给我的信里说,《大学人文读本》选的文章不够经典化,水平不高。我的意见完全与你相同,只是我学力不足不能拿出一个新的"民主读本"来(当然用这样的书名,大概根本就出不来),我想你已研究民主多年(我并不知道你预定的书名,也不明白你着力的重点所在,盼告),是不是可以就在潜心著作的同时,"顺便"把你认为有价值的经典原文,编一个"民主读本",可能我说得太轻巧了。但是我实在是希望能有这么一个本子。现在也许还不能出版,但是我想可能过几年就会成为一本抢手的书的。有了这么一个本子,将来起草宪法,编公民教材就都有了依靠了。这个思想我本来就有,就因自己没有长期打算,到现在还是两手空空。我实在希望你能考虑我的意见。如能成功,"功莫大焉"。

关于程序民主与实质民主,我认为是老早就有的概念,并非我的,或者新左派的创造。首先我六十年前读政治学的时候,有一个词就常在耳际,即所谓宪政国家,一切都要讲 due porcess。后来在学术交流中常有人用 procedural democracy 这个词,我在前年发表的致舒芜的信《回归五四,学习民主》中说过,我认为没有什么无产阶级民主;也没有什么资产阶级民主,没有什么新民主,也没有什么旧民主,民主就是民主。心目中想的就是 procedural democracy。不过,我既没有做专门研究,也没有积累,要问我经典的出处在哪里,我实在说不出来而已。

关于实质民主,我认为实在是马列主义的一个概念。前几十年读理论书就总是说资产阶级的民主是旧民主,假民主,是形式民主,只有无产阶级民主才是真民主,是实质民主。我一时也说不出经典的根据来,但是我多次引用列宁的话,无产阶级民主要比资产阶级民主高明"百万倍"(见《无产阶级革命与叛徒考茨基》,至于陈独秀,他到晚年对民主有二次觉悟,实际上是向所谓"资产阶级民主"回归,但是仍然认为社会主义民主的范围更广大,我认为就是"实质民主"的概念,这个概念是有很大的误导作用的。

你其他的意见,我都接受,我认为都是因为我并没有进行专业的研究,学力不够所致,经你指出,对我是很大的鼓励。

对 F. Bacon 我也知道他人格道德有严重的缺陷。对中国人而言,学问与人品是不可分裂的,但是西方人不同,如牛顿的人品就大有问题,我以中国人的标准看是很难顺眼的,但是并未深究,而只是想当然地以"中西评价人的标准不同"而对他的失德败行常存恕辞,甚至把这种看法写进文章中,经你提出,很想能听到你的意见。

关于美国制宪时的人口,早就有人发现错了,我自己也因为没有把握,托人代查。据说当时人口不过三百万,黑人与妇女加起来只是过半,已经改正。

我自认为我思想的"大方向"还是正确的，但用作论据的许多事实和材料都不准确，这是因为我学力不足而且从头就没有决心潜心治学的缘故。经你指出，感激不尽，但是仍然觉得以后改正为难。倘能经常向你请教，（在这方面，事实上当今只有你一个人可以为我之师，其他人大抵只有我自己觉得有疑问时，打个电话，请代查一下。一般只能靠自己的常识，而常识又是很不可靠的。）或者常常切磋琢磨，当然可以好些，但实际上又很难办到，总之早几十年没有下决心，而今已到八十，只能成为终生之憾了。

写得似乎太长了，还有些问题没有涉及，且等以后再说吧！

你6月中旬给我的对顾准有所批评的信，如有底稿，还请复印一份寄我。

我的老伴现在82岁半了，10月17日在自己房门口摔了一下，摔成大腿骨折，一个多星期后才住进医院。过去常听说老年骨折，以为也没有什么，现在轮到自己家里人出了毛病，腿上打了石膏，生活不能自理，吃喝拉撒都要人服侍，才知道情况十分紧张。我的四个儿女每晚都要有一个去值班，真是紧张之至。我心里也是忙忙乱乱，做不出什么事来。特此附闻。

天气转寒甚快，即颂

冬安

李慎之
2002年10月30日

慎之同志：

接读 10 月 30 日七页长信，坦诚的肺腑之言，感人至深。

嫂夫人不慎骨折，遭遇如此折磨，全家困厄之情可以想见。幸在有四个子女轮流侍候，也是你们的福分。祝嫂夫人早日康复！半年前，我的老师百岁老人陈立先生也不慎骨折，他的伤势更为严重，右股骨关节和右肘关节都粉碎性骨折，三天后做了置换股骨关节和修复肘关节手术，现在已能由人搀扶走路，精神和记忆都已完全恢复正常。由此相信你们家的劫难也会顺利渡过。

6月中旬知道你已从杭州回北京，并已搬到新家后，我给你写了一封信，主要讨论对顾准的评价问题。写这封信，我是花了一番工夫的，查阅了《顾准文集》和《顾准日记》。很久不见回信，很是纳闷。7月中旬托人转送 Amartya Sen "*Development as Freedom*" 的中译本，又夹上此信的复印件。很可能你拿到这本书时没有发现里面夹有信。好在此信我留了底，现在再复印，附上。

我对顾准的一些论点的意见，可能会使你感到意外。但我相信，只要仔细读他的原文，并对照西方有关民主和哲学的经典性著作，也会发现同样的问题的。目前有不少人把他的著作当作经典，如最近你送我的《大学人文读本》中关于"民主"这一栏中就选了他的《民主"终极目的"》，文中所说的"民主"，与我所理解的民主是格格不入的。开头说民主不是目的，这是附和毛泽东的谬论。我认为，民主是普遍人性在政治制度上的表现，是一种理想,也就是一种目的。林肯就说过,民主是人类的理想和目的。当然,也可以说,民主的目的是自由,建立民主政府的目的是保障公民的自由权利。由于民主与自由是密不可分的,因此不能说民主不是目的。此文的中心思想是"革命家本身最初都是民主主义者",如果他们有了"终极目的",必然要"牺牲民主,实行专政"。这个前提和论断既不符历史事实,也不合逻辑。首先,历史上许多革命家从来就不是真正的民主主义者,如 Cromwell, Robespierre, Lenin, Stalin, Mao。其次,如果把自由民主作为"终极目的",就不会存在"专政"的问题。这样一篇在事实和逻辑上都站不住脚的文章竟被选入"读本",只能误人子弟。据高建国的《顾准全传》,顾准的民主思想深受 Schumpeter[1] 的影响,而 Schumpeter 实际上是反对民主的"精英统治"论的鼓吹者。看来他连 Locke 传世之作《政府论》也没有读过。而此书的中译本文革前就已出版(译者是名家,但译文质量并不高)。

信中问起我们在写作的这本书的名称和重点内容。我们的书最初拟名为《民主论》,1989 年胡绩伟出了一本,也叫《民主论》,于是我们决定改名《民主的历史和理论》。重点放在从希腊开始的西方民主发展史,以及清末以来民主思想在中国的传播(这一部分老伴王来棣已基本上写成,并曾发表过几章)。我们想学习司马迁以史带论、夹叙夹议的写法。最后一部分准备针对当前国内的各种混乱的认识作些理论分析。西方部分,来棣已写成希腊一章,以后由我分担已写成从罗马到英国光荣革命和 Locke,即将开始写美国革命。由于我们原来对西方历史不太熟悉,要读很多书,查阅很多资料才能形成初步概念。每作出一个论断,都必须旁征博引,反复

---

[1] 约瑟夫·熊彼特(1883~1950),美籍奥裔经济学家和政治学家。

思考。加上我视力极差，看书要用放大镜，而记忆力又不好，有时书看了两三遍才留下印象。本来，这类工作应该由年轻人做，但没有人愿意做，只得我们拼老命去干。我们是一边学习一边写作，虽然十分艰难，倒是乐趣无穷。因为这也是给自己的启蒙。

你创议编一个《民主读本》，这是个好主意，做起来并不很困难。"民主"，当局可能怕，换个隐晦些的名称，在目前的条件下出版恐怕还有可能的。问题是是否有合适的、可以信得过的出版社。最近，我为浙江文艺出版社的《大科学家文丛》编了一本20万字的《爱因斯坦文录》，还写了一篇一万多字的评介《作为一个人的爱因斯坦》。

你有三个小圈子，定期聚会，真让人羡慕。我则近于孤家寡人，13年来电话一直被窃听，有时干脆被掐了（每年至少有一次）。1994年至前年，警察常守卫我们楼门口（近年因法轮功，他们忙不过来了），很少有人敢与我接近。你认为中国缺少一批"战斗的民主主义者"，我倒觉得这样的人并不少。从1978年西单民主墙，到89年运动的活跃分子，以及至今海内外的"民运人士"，大多都可以算。像胡绩伟、鲍彤、你、我也应该可以算。虽然"民运人士"中，一般民主素养差，而有强烈的"造反派"心态，但是他们主观上是要追求民主的。你希望万一形势急转直下，立即能拿出一部宪法。事实上，这件事早已有人在做。前几年从海外电台就听到严家其说他在起草宪法，还出了一本关于联邦制的书。我认为，为未来民主中国草拟宪法这类工作目前还看不出有多大紧迫性，因为目前基本还处于思想启蒙阶段，是思想准备和理论准备阶段。如果真如你所说形势急转直下了，要起草一部宪法并非难事。因为西方国家早已有行之有效的宪法可以参考（不妨说可以照抄，如孙中山90年前的《临时约法》就已经很不错了）。而且制定宪法，不能靠少数几个人闭门造车，而要由全国人民推选出的制宪会议来制定。我深切体会到，建立民主制，不同于专制政权的改朝换代，倡导民主者，必须以平常心，做平常人，决不可以"领袖"和"开国元勋"自居。可惜在中国，这样一个极平常的道理却知之者甚少。

关于"形式民主"和"实质民主"问题，我认为，雅典和近代西方的民主制，既是形式民主，也是实质民主。Lenin说"无产阶级民主"比"资产阶级民主"高千百万倍，这是自欺欺人。连思想自由和言论自由都不允许的政权，它的"民主"只能说是零！你说没有什么旧民主和新民主，民主就是民主。我完全同意。记得1989年3月台湾有个有点名气的记者南方朔来采访我，问我："中国应采取哪一种民主？"我觉得莫名其妙，不耐烦地回答他："民主就是民主，不存在有什么不同种类的民主"。想不到他在香港一个刊物上发表文章，说我和中国知识分子不懂民主！他认为中国应走东欧（不是1989年1月以后的东欧）的道路，而他自吹台湾的民主运动是他领导起来的。此人在我面前胡吹，当时给我的印象极差。这样的记者，我一生未见过。

你信中说Newton也像F. Bacon一样有道德缺陷。但我觉得两人有本质区别，Newton最大的缺陷是后半生耽溺于神学研究，与Leibniz争微积分的首创权上做得不光彩。而F. Bacon却是当大法官时因受贿而被判刑。在治学上，Newton是极为严谨、谦逊的。他有句名言："我所以能看得比别人远，是因为我站在历史上的巨人的肩膀上。"F. Bacon就不知天高地厚，喜欢信口开河，连Copernicus地动说也要反对。

重读你的信，读到"事实上，顾准已经成为民主派或者自由主义的一面旗帜"。我不赞同这样的评价。因为顾准的文章1994年才出版，此以前很少有人知道顾准的思想。中国现代的民主派和自由主义早在80年代就已形成，他们没有受顾准的影响。而且顾准文集中根本没有论述自由的文章；议论民主时也没有涉及自由、人权。Aristotle早已明确地指出民主的精神是自由，以后Spinoza和Locke更是作了透彻的阐述。顾准没有吸收这些思想家的思想，却误把Schumpeter的糟粕当作经典。他的混乱思想对王元化、刘军宁产生了很大影响。奇怪的是，以政治学作为专业研究并大力宣扬自由主义的刘军宁，对民主的基本认识竟会附和顾准。对于他的一些错误论点，我在三年前写的《"89"十年感言》一文中曾批评过（没有点名，但引了他的一些原话）。此文已收在我送给你的那本文集中，很想听听您的意见。

你说我"见机甚早"，指的是什么意思，我不理解，望告之。我1974年猛醒以后所以能够反思比较彻底，主要是受Einstein的影响。1938年精读过他的文集《我的世界观》，后接受了Marxism，把它抛在一边，60年代开始编译Einstein文集，重新捡回来。其次是在血泊中成长起来的近代科学的一系列可歌可泣的事例。第三是浙大传统学风的"求是"精神。此外，我们台州人的硬骨头精神也深深地影响了我。

写得够长了。祝

冬安

许良英

2002年11月5日

2002 年

良英同志：

11月5日的信和6月14日的信的复印件都收到了（6月14日的信确实是我未见到过的），受益良多。我过去的著作中不妥的地方容后改正。

我说你"见机早"，是说你觉悟以后，即下大决心花大力气，对民主思想与民主制度进行研究，与我的浅尝辄止、不求甚解，大不相同。当今实在也是像我这样的人多，像你这样的人少。上次信里我那句"形势急转直下"的话，当然不能太乐观，但是中国的学者不能没有准备，万一有一天需要人提方案，提意见（当然是在形势有大变化以后，而揆诸情理，也不是绝无可能的），我们这样自以为是志士仁人的人提不出有原则的意见来，一旦铸成错误，将贻害无穷。

你的书叫《民主论》，你可能不知道，李铁映也在社科院组织班子写了一本民主论，同毛选一样厚，装帧更气派，院办公厅也按例给我发了一本，实在不成体系，还是按生产力决定生产关系，经济基础决定上层建筑，资产阶级民主无产阶级民主这一套编的，他本人未见得出了多少力量，看来无非是图点名利而已。

我现在想通了，中国现代化的目标就是要建立合格的民主，有了合格的民主，人民自己会懂得怎么解决各种问题的。我1980年初次以私人身份访美，在哈佛碰到一个老头，他对我说，你们中国人最热衷于革命，我们美国人从不这样，但是美国人其实处在不断革命中，我一想觉得很有道理。两百年来，尤其这一百年来，什么革新的东西不是发源于美国，然而它最稳定，不就是有了一部民主的宪法吗？

不过目前英美式民主碰到一个大问题，即所谓新帝国主义论或新干涉主义论，先发制人论。美国打阿富汗，好像反对还不大，现在要打伊拉克、北朝鲜和伊朗，反对会越来越大。其实它的逻辑，在形式上，同马列毛主义者要主动解放全人类并无不同。这是牵涉到理论与实际的问题。我们一辈子，两次碰到这个问题了，前一次就是所谓的世界革命论，这一次就算"世界民主化"吧。我自己对这个问题还没有想好。愿意听到你的意见。

我的儿女决定过两天把我"充军"到南方去住十来天，一方面是减轻他们既要照顾妈妈，又要照顾爸爸的负担；一方面准备我爱人拆线出院回家雇保姆等问题。我觉得你的信应该先回复，匆匆写了这些，希望以后有机会畅谈。

谢谢你对我爱人的问候和关怀。说起来，她这次出问题主要是因为一双根本不该穿的底太滑的拖鞋。我们都老了，最重要的就是"小心再小心"。

专此

祝

冬安

李慎之

2002年11月11日

我不会编《纪念顾准文集》，但是我仍然希望你写批评他的

民主思想的文章,这不可能有损他的形象与影响,反而是最好的启蒙材料。又及

慎之同志：

11/11信收到已将近20天了，你去南方十来天大概已经回来了，应该可以给你写回信了。

你在考虑"世界民主化"和"世界革命论"问题，想听听我的意见。现遵嘱把我思考的结果告诉你。

我认为世界民主化是不可抗拒的历史趋势，理由很简单，因为民主是最合乎普遍人性的理想的政治制度，三百多年来西方发达国家的实践已证明了这一点。1948年联合国通过的《世界人权宣言》也指明了这个方向。它与我们青年时所信奉的"世界革命论"本质是相反的。那时我们以"解放者"（实际是"救世主"）自居，要在全世界实行"无产阶级专政"，不容许有言论自由、信仰自由。我自己在1940年接受了马克思主义后确实就是这样想的。1945年毛泽东提出"联合政府"，要求废除一党专政，当时我认为这仅仅是对国民党说的。现在世界各处都有人在反对全球化，反对所谓新帝国主义，新干涉主义，他们要不是来自极左（接近马克思主义），就是来自极右（传统的专制主义）。其中不少人还哼着没落的"后现代主义"的丧歌。他们的行径犹如蚍蜉撼大树。

顺便也谈一谈我对布什和先发制人倒萨战争的看法。代表石油巨头利益的布什父子给我的印象一直不好，尤其是小布什上台后就宣布退出京都议定书和反导弹条约，宣布实行独断独行的"单边主义"。但是在"九一一"后的反恐斗争中所采取的政策我是支持的（除了"三个邪恶轴心"论，这在策略上很愚蠢），甚至包括倒萨达姆战争的计划。我觉得，十几年来，从发动侵伊朗战争到侵占科威特战争，以及海湾战争后的种种表现，萨达姆是比希特勒还要混的恶魔。两三个月前《参考消息》有一篇西班牙记者关于萨达姆恶行的长篇报道，说萨达姆每餐都要从监牢中提一批囚犯尝他准备吃的东西（检验是否有毒），然后全部处决掉。1991年海湾战争时这位记者采访他，议论到希特勒，他说："希特勒太软弱了，我的敌人永远不会这样评价我！"巴勒斯坦恐怖分子对以色列人进行自杀性爆炸，他不仅公开叫好，还给每个恐怖分子家属奖励2.5万美元。这样的恶魔不除，世界永无宁日。对于倒萨问题，美国现任国防部副部长潜心研究了十几年，他显然是看准了的。布什本人智商不高，刚上台时说话常出错，由于智囊团中有鲍威尔这样的稳健派，现在处事已比较稳妥。这些看法，不知你以为如何？

　　祝

全家健康如意！！

许良英

2002年12月2日

良英同志：

　　来信收到，你是一个坚定的民主主义者，你的意见，我是同意的。我所以向你提出问题，是因为世界在发展进步的过程中，随时可能出现新的过去没有的问题，这时候就要停下来深思一下。我反正知道我们年轻时相信的乌托邦不但不可能实现，而且是一种谬误。民主的价值将为越来越多的国家接受，然而充分的民主像我们现在西方发达国家看到的可能再过二三十年在中国还实现不了。（现在有许多人担心中国实现民主以后，会出现"拉美化"，我也有这种担心。）不过公民权利有起码保障的民主，我想是有希望的，顶多我们不能及身而见，我们的下一代是一定可以看到的。

　　太远的考虑，未免渺茫，有这样一点信心，也就可以了。

　　谨复　即颂

近安

李慎之
2002年12月7日

慎之同志：

信收到多日了。今天是除夕，该给你写回信。首先祝你们新年安康如意！祝嫂夫人早日康复！

你说，充分的民主可能再过二三十年在中国还实现不了。我认为，这种可能性确实不大，但历史往往有无法逆料的突变，如1989年东欧和苏联的变化。对历史真正有使命感的中国知识分子，对困难是应该有清醒的认识，同时也应该有坚定的信心。这对于我们这些年轻时提着脑袋干革命的人应该不成问题。拉美化，甚至非洲化，不是不可能，但我们有责任不让它滑向这条邪路。对此，首要的工作又不外乎启蒙。没有广泛、深入的民主思想启蒙，没有公众的自觉，民主不过是空话。

你要我写评论顾准民主思想的文章，我想到2005年纪念顾准90诞辰时再写。昨天突然刘军宁来（是第一次见面），只坐了二十多分钟。我问他，他对民主概念的一些错误看法是不是受顾准的影响？他说是的。三年前我在《"89"十年感言》一文中曾（不点名地）批评过他，当时他未接受。现在基本接受了。这使我感到欣慰。他前几年用"宪政"取代"民主"的说法，对青年政治学者影响很大。不到一个月前还有人向我大谈"宪政革命"，"宪政运动"，我给他泼冷水，他说我"迷信民主"！实在可笑。现在看来，对民主进行反启蒙的，不仅是官方和御用学者，还有那些标榜自由主义的知识分子。如《大学人文读本》中"民主"一栏，不仅选了顾准的"终极目的"一文，还把 Acton 的一篇莫名其妙的东西作为首篇。Acton 虽曾一鸣惊人地说过"权力趋向腐败，绝对权力绝对腐败"这样的千古名言，但他是历史学家，并非思想家和理论家，他崇尚的是贵族政治，并非民主，有点类似 Churchill。

半个月前读到黄宗英关于 1957 年 7 月毛泽东—罗稷南对话的回忆，十分震惊。这是毛的暴君面目的一次彻底暴露。可惜至今未见有文章加以解读、发挥。

就写到这里。

祝

新年好！

许良英

2002 年 12 月 31 日

你用的圆珠笔颜色太淡，用放大镜看起来还是非常吃力。建议你请子女买支签字笔给你。像我用的这种笔，2 元一支；炭素笔芯 1 元一支，可用几个月。任何文具市场都可买到。又及

2003年

良英同志：

今天是元月2日，收到你除夕来信，感谢你的新年祝贺。我也祝你健康！如意！昨天我们全家是到宣武医院病房同我的老伴一起过节的。

我今年已是整八十。过去虽然口头上也说"老之将至"，而心里总是感觉目前的日子还可以照老样子过下去。五年半以前中风，对我是一个警告，然而日久玩生，也好像无所谓了。这次老妻摔跤，住院已两个多月，我一人在家，"苦守寒窑"，不但孤独寂寞之极，而且也产生了"死生无常"之感。我从2001年起记录我认识的亲友死亡名单，得15人。2002年就上升到21人，自己到底还能活几年，开始感到有点没有把握了，而且自己也认为应该对自己敲敲警钟了。

我前信曾经跟你说过，今生已无从根本上研究"民主"的发展与历史、理论与实践的愿望与勇气，只是还想写几篇万言长文：一是破，破秦始皇以来的专制主义和马列毛以来的极权主义；二是立，立一些民主的规范。

过去几年，我也写了一些文章，多少也做了一些工作，只是自己以为远远不够。今年手头还有四五个题目，希望老天爷能让我做完这个工作。但是我最想写，而且觉得不能不写的是《民主——中国现代化的目标》一文。我要说明社会主义作为一种政治制度已经彻底失败了，中共实际上已放弃了它，保留它作为口号，无非是保持极权而已。当然社会主义还可以作为一种政策目标，甚至执政党的施政纲领，但是也只有在一个民主的社会中，一个民主的政治制度下才有可能。而且，如果得不到多数选民的认可，就该下台。马恩列斯毛说的"国体是无产阶级专政，政体是民主集中制"，已经试过，应当作废了（虽然它仍是中共掌权的理论基础）。

中国要现代化只有一条路可走，就是全面的、充分的民主，这不但是中国的必由之路，也是世界各民族的必由之路。

但是，民主的确切定义是什么呢？当然我曾经几次引用陈独秀的概括，但是也只是利用一下他的权威，其实未必准确完全。

我才疏学浅，觉得还没有能力作合格的概括。前几个月我请一位专门研究美国宪法的老先生给我开几条。他给了我一个答案：

（一）主权在民

　包括选举等等

（二）限权政府

　包括三权分立

（三）保障公民权利

　包括言论及出版自由

（四）军队国家化

我不敢完全相信，比如三权分立的制衡作用，也许不如反对党（或在野党）的制衡力量。此外我认为要讲主权，就要明确主权的价值就在于它保障公民的人权。

因为你多年研究民主，我要请你用最简单的文字（500字以内）回答我两个问题：

（一）民主的必要条件是什么？

（二）民主的充分条件是什么？

说老实话，你的答案是我准备用在我的文章里的。我的文章当然没有在国内发表的可能，我想只能上网，也可以称是一种启蒙工作。

进入新世纪后，我常说两句话：(1)，对中国之实现民主，我能否及身得见，比较悲观；(2)，对中国能在21世纪上半期实现民主，我基本乐观。不过，我之所谓民主，只能指废除一党专政，建立民主框架而言，并非指充分民主。实现充分民主，最乐观也需要到21世纪末。

关于中国民主化以后，出现非洲化的可能，我以为不大，因为中国人无强烈的宗教信仰。（这）可能是一弱点，但中国人是十分世俗，十分实利的民族，可能亦有一优点，能够在实用的范围内学样，也许比土耳其（土耳其算是在基马尔时代即六十年前完成了政教分离与民主化的一个东方国家）表现得稍好一点，但拉美化实在无法预料。

中国之充分民主化有待于全民的启蒙，而这样的启蒙又有待于民主框架（或用现在流行的说法"民主平台"）的初步树立。所以中国的民主化似应分两步走，民主框架之树立，仅仅是完成民主化的"开始"而已。

开始以后怎么办？我想到了一个办法，就是全体大学生在毕业后需用半年时间学习"公民"，再用半年时间到中学教一个学期的"公民"，只有完成这一义务后方可取得毕业文凭。中学生全部六年十二个学期都要学公民（课），教学内容不多，但要循序渐进。这个想法，我从来未同人讲过，也许"训政"的味道太浓。向你请教，你以为如何？

其他容以后再谈。即颂

新年大吉

李慎之

2003年1月2日

2003年

慎之同志：

1/2信收到。

嫂夫人仍住在医院，你一人在家，苦守寒窑，难免有寂寞凄凉之感。但我想，像我们目前的健康状况和医疗条件，继续工作十年该不算是奢望。当然我们还得注意保重身体。生活过得合理。你的新居有电梯，上下楼很方便，建议你每天去龙潭公园活动、做操。（刮风、天冷时当然不宜出门。）又，建议你早餐不要再吃没有营养的泡饭，改吃牛奶、鸡蛋、面包（或馒头）、果酱、芝麻酱。早餐不能马马虎虎，一定要吃得好。这是营养学家的经验谈，应该重视。

你要我用500字以内说明民主的必要条件和充分条件。这是一个难题。幸亏1989年纪念"五四"70周年时写过一篇3000字的短文《"五四"和中国的民主启蒙》，最后把民主概念的基本内容和保证的条件列出八点，共约600字，似乎可作初步的答卷，随信寄上，请批阅。此文刊于1989年5月8日出版的《世界经济导报》终刊号上，听说北京学生在天安门广场绝食时，广场上曾多次广播，也有人把最后那八条印成传单张贴。可见当时学生是需要这种读物的。这八点是我80年代多年思考的结果，1987年11月曾在浙大讲过，1988年5月又在北大的"草地沙龙"上讲过，1988年夏天被北京市教委通报为"资产阶级自由化"的代表言论。1989年六四后，中国人民大学副校长郑杭生还曾发表又臭又长的文章批判我这篇短文。这些内容，将来我们的书稿上会采用，不过文字上可能会作些修改。

你提出"民主的充分条件"这一概念，我推敲了两天仍未理解其意义。在我所习惯的逻辑思维中，常说一个事件的出现必须具备哪些必要条件。如说植物的生长必需有一定的温度、阳光、空气、水和养料（如氮、磷、钾等元素）。凡是具备了所有这些必要条件，有生命力的植物就能生长。这里似乎没有"充分条件"存在的空间，除非把它定义为"必要条件的总和"。要在"必要条件"之外去寻找"充分条件"，在现实世界上似乎是不可能的。不过，我认为，你信中提出的"全面的充分的民主"这一概念还是有意义的。有些国家，如独立后的印度，20世纪50年代后的日本和80年代以后的台湾，从政治制度上看，应该说基本上是民主的，但并不充分。印度由于没有经历社会改革，种姓制度、妇女权利这类问题仍未根本解决。日本由于并未铲除军国主义根柢，军国主义和黑社会势力很猖獗。台湾黑金贿选和议会中打斗这类闹剧司空见惯。西方国家的现代民主制是建立在14—16世纪的文艺复兴运动和17—18世纪的启蒙运动的思想基础上的，亚洲和其他地区的国家要实现真正的民主制（也就是你所说的全面的、充分的民主），必须补上这一课。这项工作，你称为"公民教育"；我根据历史渊源，称它为"民主思想启蒙"。我归结的那八条，开头两条所说的"确认"，就是这种思想启蒙所得到的共识，是现代民主制的前提。

你设想全体大学生毕业后用半年时间学习"公民"，再用半年时间到中学教公民。这个设想很有趣，但的确有"训政"的味道，似乎不可能行得通，也不见得有多大实效。我觉得，培养公民意识和民主意识，形式应该是多种多样的，并要从幼儿园、小学就开始。据我了解，目前中国多数知识分子对民主的理解，远远不及美国的小学生。在美国，孩子一出生就被当作一个平等的人受到尊重，在中国有几个父母能有这种认识？

关于权力制衡问题，我 1989 年的文章中只简单地提"权力制衡"，实际涵义主要是指三权分立和制衡，也包括政治反对派（或反对党）和各种民间压力集团的制衡，以及强有力的舆论监督。在各种制衡作用中最根本当推三权分立，因为这是一种制度性的。

你认为要明确主权的价值就在于保障公民的人权，这一认识在所有的近代民主思想家的著作中都是明确的。Spinoza 于 1670 年就在《神学政治论》一书中说过："政治的真正目的是自由。"Locke 于 20 年后的《政府论》中更是明确指出：政府的真正的主要目的是保护人的生命、自由和财产。在古代希腊民主制中，没有明确的个人权利概念，城邦的地位往往高于个人，这显然与当时战争频繁的国际环境有关。

前天从《参考消息》上读到一篇吹捧马克思主义的文章，出自英国《经济学家》周刊，通篇是似是而非的胡言。文中引了 1999 年 BBC 的所谓"民意测验"（实际上是网上投票）结果，说 Marx 是千年第一思想家。这种"民意"毫无价值，像唯意志论者、精神病患者尼采居然在十名之内，而像 Locke 这样有真正深远影响的思想家却被排除在外。上个月，《参考消息》还报道了英国另一次民意测验，要选英国 20 世纪"伟人"，王妃戴安娜和一个歌星都榜上有名。这些英国人竟会如此无聊确也开人眼界。这篇吹捧 Marxism 的文章，对《共产党宣言》、无产阶级专政（文中把它等同于"社会主义"）、历史唯物论等等，无不大唱赞歌。这些东西，1974 年以前我也都深信不疑，经过从迷信中猛醒过来后的多年反思和探索，发现 Marxism 的全部教条基本上都站不住脚。就拿经济基础决定上层建筑这一原则论断来说，由 21 世纪全新技术装备的新加坡、马来西亚（更不用说中国大陆了），政治制度为什么远远不及 2500 年前的雅典城邦（他们仅仅依靠原始的农业、手工业和帆船）？

扯得太远了，就此打住。

祝

冬安！！

许良英
2003年1月8日

2003 年

良英同志：

收到 1 月 8 日大函已经多日，稽迟答复为歉。

你对我身体的关怀，使我感动。但是我实在不好意思告诉你，我并没有听你的忠告：第一是我这里离龙潭公园距离大概有一公里，已在我的步行半径之外，而且要横过起码两条马路，在没有人陪的情况下，我是不敢这样做的。本来在我自己的院子里转圈子，也可以达到散步锻炼的目的（现在的院子比我原来住的院子要小），但是我自从 2000 年起就放弃散步了，迄今已有三年，实在是懒得可以，也实在羞于向你启齿。至于早饭，我多年来已习惯于你说的"泡饭式"，只是为通大便起见，自己每天早晨煮一些燕麦片，实在是极不讲究，但已成习惯，想改也难。这是我觉得十分不好意思向你说明的，而且是愧对你的期望的。

老妻入院已经三月有余，迄今仍然因为开刀的创口有一小段（不过三分）未能愈合而不得出院，心中烦躁，但也没有办法，现在离春节还有十天，还想她能出来。但只怕不过是痴心妄想而已。

近十年来，生活没有什么波动，平常总以为可以无限期地 indefinetely 活下去。老妻骨折后才悟到不变中其实一直存在着变的因素。只希望中国沉默的政治也蕴藏着什么表面看不出的推动力。

前两天王若水的夫人把香港"明报出版社"出版的王若水遗著《新发现的毛泽东》（作为潘耀明编的"21 世纪丛书"之一种）送给我。全书上下两册，约 50 万字，我看了约 10 万字，叹为得未曾有，原来若水在 1993 年就开始搜集材料了，用功之勤，思想之广博深刻，都使我惊叹。虽然实际上还只是一部未完成的杰作，但大体规模已具，估计至少十年内未必有人超得过。这又使我惭愧，优柔迁延，不肯下决心、下工夫做学问，正如我对你的研究民主问题一样。

（王若水的书因为是在香港出版的，国内不可能买到，你如有门路，我建议你设法搞一套看看。）

由此想到，我早几年就有中国近代史（自1840年到21世纪中期民主框架大体完成之日）必须改写的想法，但总觉得这不是我老朽的事，而寄希望于年轻人。最近忽然想，整本的写不出来，万言长文，提示几个主要论点，或者写出一个大纲，总还是应当而且可以的吧。现在想把最初步的意见向你请教一下。

首先，我认为一个民族最重要的创造是其政治制度，经济、文化、国民性都由之决定。与马克思的经济决定论不同。1840年以前的中国，其政治制度就是专制主义，从秦始皇算起已有二千年，不但养成了中国人的深入骨髓的奴性，而且压制了中国生产力的发展。中国的商品经济发生得并不比任何国家为晚，秦汉时期规模即颇可观，但是只能永远处于"萌芽状态"，就是因为专制的政治压制了这个"芽"永远也长不大。所谓明清之际的"萌芽"说不过是被硬套五阶段论的文化专制主义的一种伪理论而已。

1840年以后帝国主义侵略中国，但一方面确是侵略；一方面也带来了中国历史中从来没有的进步因素，因而开始了中国近代化（或现代化）的极其艰难的过程。

中国传统，如果要一分为二的话，一方面是外儒内法的皇权专制的传统，一方面是以游民打先锋（甚至是领导）的农民造反的传统。后者开头也许有些平均主义或自由主义（实际上是无法无天）的倾向，一旦成功，立即回到皇权专制的老传统。

1840年以后头十几年的历史，主要是传统的专制主义抵制抗拒资本主义和民主主义的历史。偏偏这时农民造成的传统之大发作（主要是太平天国，还有规模较小、较后的捻军、义和团等）。最后虽被统治者扑灭，然影响残留甚强（与以前历史上的比较而言）。

戊戌、辛亥都应该肯定。辛亥的孙中山更是近代中国民主思想之集大成者，但是由于传统强烈，他也沾染了不少皇权专制的影响，还有下层黑社会的影响，从历史来看，这都是当然的，必然的，不足怪的，但是在叙述时必须指出，必须批判。

辛亥以后资本主义与民主思想都有不小的发展，但还远远不足以抵抗专制传统。所谓军阀混战，其实与历朝历代改朝换代之际的分裂混乱相差不大，在中国历史传统中几乎是应有之义。

五四在中国历史上应该大书特书。但是作为总司令的陈独秀，一方面把"民主"与"科学"请进中国，一方面并不真懂民主。（也难怪他。）其人一方面把共产党引进中国，一方面在党内实行家长制。其实，即使他真懂民主，在当时的历史条件下，他也不可能在建立民主方面有多大的作为，胡适即是如此。

就当时世界论，帝国主义确实存在，而且主宰世界。凡先进国家就无一例外地都是帝国主义。帝国主义必然要产生自己的对立面，就是马克思主义。马克思主义虽在欧洲吸引了无数正直的知识分子的心灵，但是只有在俄国这样的国家经由列宁这样的理论家与政治家的运作才能成功。马列主义一旦在俄国成功，即成为较资本主义与民主主义更为强劲的思潮而在落后国家取得地盘。中国共产党得以在中国成立。资格要老得多的国民党及其领袖孙中山、蒋介石也不得不受其影响。国民党北伐应该肯定，其轨迹也与中国历朝历代皇纲解决以后新王朝首先要削平群雄，统一天下相仿。国民党也不是毫无引导中国走向现代化的可能，所谓黄金十年（1927—1937）政绩，也还过得去，但当时的中国在与列强对比问题实在太多，非古时的明、清可比。加以日本侵略（1840年的英国侵略，李鸿章称之为三千年未有之变局，1930年代的日本侵略置中国于亘古未有之奇耻大辱与土崩瓦解之危机），致使①国民党统治者无法施行其统治；②全国人民同仇敌忾义愤填膺，而且趋左倾；③共产党因时崛起（包括西安事变等偶然因素）。

八年抗战完全应该肯定，国民党无能误国之处甚多，但外交上可称因抗战胜利而完全胜利。

政协亦应肯定，但三年战争共产党大获全胜，可称历史奇迹。我是过来人，但除了佩服毛主席英明伟大之外，到现在还有莫名其妙之感。但有三点必须申说，①国民党由久穷（八年抗战）而骤富（劫收）必然特别腐败；②共产党以历史上从黄巾、张角、李自成到洪秀全大体相似而远为精妙的方式发动农民夺取政权，并赢得知识分子的拥护已到出神入化之境；③国际形势，苏联影响膨胀与共产党一贯学说一致，其政策更是有利于共产党取得政权。

1949年中华人民共和国成立到1979年这三十年的历史实在很难肯定，不过它既然出现了，存在了，就应当深入地作出合理的说明。只要抓住中国的文化传统这个内因与马列主义影响这个外因，其实也不难作出有说服力的解释。总之是世界上最最最革命的理论与最最最专制的传统相结合，使中国形成了最最最黑暗的毛泽东思想之三十年的统治。中国传统的专制主义变成了极权主义。

但是这三十年虽然可称黑暗之极，史学家仍须发现其有一些后来有利于中国现代化的因素（如大大加强了中国的统一，提高了中国的国际地位，普及了初等教育，改善了妇女地位，提高了中国社会的均质性等等）。这些都同时带有片面性，需深入研究。

十一届三中全会确实是中国近代史的转折点，从此开始了中国脱出极权主义的艰难过程。但是由于中国历史已走到了极端，由于全球化的不可抗拒的影响，这个过程尽管艰难曲折，但已不可能逆转。目前中国的极权主义已进入晚期极权主义，再过二、三十年应能完成初步的民主改革。

中国的历史看起来很特别，其实放在现代化、全球化的大背景之下来看，也不见得就怎么太奇怪。俄罗斯帝国、奥斯曼帝国就都在20世纪走过了与中国大体相似的道路。欧洲的意大利（文艺复兴的祖国）、德国（宗教改革的祖国）在20世纪还经历了右的极权主义的曲折。像美国这样的民主国家，在世界史上看其实是特例，正如希腊在古代是特例一样。回头看世界各民族的历史发展各有特色；朝前看共性将越来越多。奥斯曼帝国中的土耳其是第一个摆脱了伊斯兰专制的国家，其民主到现在也还不怎么样，但比许多阿拉伯国家还是强得多。阿拉伯国家到21世纪末，顶多到22世纪在全球化的影响下，也会艰难地走向现代化、民主化的。

总之以三大革命运动（太平天国、义和团、辛亥革命）直到1949年革命为主线的中国近代史必须推翻，必须改写。中国的现代化是后发外生的。但是即使这样，它也要走下去，而且已经具备了相当的内因。

狂言乱语一口气写了一大篇，当然十分粗疏。今年将花些气力勾划出一个提纲来。改写近代史的工作，自己虽然没有力量完成，但能为后来者省些力气，也就可以引为安慰了。叨在同志，向你请教。请勿吝赐教为幸。

顺颂

年禧！

李慎之
2003年1月23日

又：上信发出以后，我就觉得不妥。因为民主实在不可能分什么"必要条件"和"充分条件"。就是有了充分条件，人民素质不高，发生贿选、黑金、操纵，如今日台湾那样，"民主"还是虚有其表。不过只要有了民主的大框架，志士仁人就有了宣传教育的空间，可以努力"改造国民性"了。要是在毛泽东时代，那确实是一点办法没有，也是一点希望没有。

写完以后才发现自己用的笔颜色还是太浅，忘了你的嘱咐，这次只好抱歉了。也许复印一下可以深一些。

2003年

慎之同志：

意外地收到你10页的长信，这是我一生收到的最长的一封信，谈论的又是我自己亲身经历的历史和多年来反复思考的问题，引起了无尽的回忆和强烈的共鸣。由于来棣50年来所从事的研究主要是共产党的创建，五四运动和辛亥革命，对你的提纲自然也很感兴趣。

不过，还得先说两点题外话。

嫂夫人至今开刀创口未愈合，确令人放不下心来。对比之下，百岁老人陈立先生右腿和右肘关节粉碎性骨折，做了关节置换手术，康复很快，不到半年就能由人搀扶走路，并给我写信。嫂夫人康复不如陈立先生快，可能是由于缺钙。这可能与你们早餐吃泡饭不喝牛奶有关。因此，我还是要建议你们多喝牛奶或酸奶。又，你说三年来已放弃了散步，这更使人担心。缺乏运动、锻炼，必然削弱免疫系统，什么病都会发生，一旦病了就很难治，连感冒都会致命。你既然出门活动有困难，不妨买几件运动器械在家运动。我每周都要去一次颐和园爬山，即使下雪也要去，这对于保证健康十分必要。

王若水新著《新发现的毛泽东》，我当设法去买一套。目前来棣正在家写一篇论文，揭露毛泽东对知识分子一贯敌视的心态。文中引用了1925年《中国社会各阶级的分析》的原文。此文50年代收进《毛泽东选集》时被改得面目全非，把敌视知识分子的话全删去。不知王若水新著中是否注意到这个问题？如果他也提到，请设法把有关段落复印一份给我们。我估计他可能没有机会看到 1925 年出版的原文。我们至今未听说有人提过这篇原文。

您认为中国近代史必须改写,并计划在年内写出一个大纲。这是一项非常有意义的工作,会得到很多有志者的支持和响应。

你的第一个论点:"一个民族最重要的创造是政治制度,经济、文化、国民性都由之决定"。这显然是与经济基础决定上层建筑的马克思论断直接对立,我是同意你的论点的,并且可以用一系列的史实来证明。不过,政治制度的形成,还是受制于经济、文化等各种因素的综合作用。十五年前,来棣在阅读了大量文献的基础上写出一篇论述雅典民主制的论文(发表于 1988 年的《政治学研究》)。当时我们为 2500 年前古希腊人在政治上的灿烂辉煌、精神生活上的丰富高雅、目光的犀利和思想的缜密所震惊和折服,使我进一步认识到马克思主义的谬误。

信中说,中国传统的农民造反口头也许有平均主义或自由主义,似欠考虑。事实上,中国传统不存在"自由"的概念,更谈不上"自由主义",这就是严复所以要把"自由"译成难懂的"群己权界"的苦衷。

信中说,帝国主义必然产生自己的对立面马克思主义,似不妥。马克思主义来源于对资本主义的批判与否定,帝国主义是资本主义成熟以后在对外关系上的表现,而马克思本人的著作主要是针对资本主义的生产关系和上层建筑,几乎没有涉及对外关系问题。

关于马克思主义吸引知识分子的问题,我在 70 年代以前读到的历史文献所得的印象是,马克思主义产生后直至 20 世纪初,在欧洲知识分子中间并无什么影响。1917 年十月革命胜利后才开始产生影响，是把它看作一种新社会理想的试验。第一次世界大战结束后帝国主义之间的争夺，特别是1929年开始的经济危机，使很多知识分子倾向社会主义和马克思主义。30年代，一批英国优秀科学家（如J.D.Bernal, J.B.Holland）接受了马克思主义。（1939年我也受了他们的影响。）

谈到国民党统治的十年，不可回避"四一二"的责任和青红帮出身的蒋介石的独裁专制。1933年上台后，他效法德国、意大利法西斯统治，提出"一个党，一个主义，一个领袖"，对高中和大学生实行军事管理（我在1935—36年间就领教过）。西安事变打破了他的迷梦。

日本对中国的大举侵略开始于1931年九一八，不是1930年。

关于1946年开始的国共第二次战争，三年就结束，你认为是"历史奇迹"，把它归功于"毛主席英明伟大""到现在还有莫名其妙之感"。对你的这两点感受我很感意外。毛泽东精于权术，诡计多端，军事指挥上确有高招。但由于军队士气高昂，各路将领（如刘伯承、陈毅、聂荣臻、粟裕等）大多身经百战，才艺高强，完全能独立作战（相比之下，蒋介石部下就没有几个强将），统帅即使换上周恩来这样的人，战争照样会胜利，充其量不过时间可能拖后一年半载。把功劳主要归于毛泽东，我在感情上接受不了，即使在1949年我也不会同意。我始终认为，革命事业只能依靠集体力量，个人作用不能估计过高，更不应放在首位。我认为1946年蒋介石发动内战必然失败的主要原因在于人心向背问题。他自恃有美式装备和美方的全力支持，悍然撕毁双十协定，制造较场口事件，暗杀李公朴、闻一多，这一系列法西斯暴行只能使他自绝于人民。一年多前有人（似乎是从南京出去的）在海外出了一本百年中国历史的书（书名似乎是"谁是新中国？"），把蒋介石吹捧成与孙中山并列的"伟人"，我觉得十分可笑。我觉得，毛泽东固然不是好东西，蒋介石也不是好东西。瞿秋白30年代写过一篇《阿拉司令》，很说明问题。

你把1949年以后到1979年划为一个阶段，我觉得第二阶段应该至少提前一年，从1978年开始。因为1977年胡耀邦发动的思想解放运动与平反冤假错案已全面开花，毛泽东的神话全部破灭，要实现现代化已成为人们的共识。

信中说1949—79年"普及了初等教育"，这只能说是初步的，中国直至80年代尚未实现义务教育制，80年代全国尚有23.5%的12岁以上的人是文盲或半文盲。

80年代开始的改革开放新气象和反自由化的逆流（包括胡乔木发动的清除精神污染运动），以及六四镇压都应该着力写。

六四后14年来政治上的倒退也应着力写。例如最近公布的各省人大常委会主任都由省市委书记兼，这是十分严重的倒退。这正暴露了"三个代表"的本意。假"民主"变成了真的"民之主"！自命为"代表"，充其量不过是"为民做主"。

意见不觉写了一大堆，先寄上，不知是否有用。祝春节全家好，嫂夫人早日出院！

许良英

2003年1月28日

你信中附有一张字条，大概是给你孩子的，应退回。

又及

2003 年

良英同志：

　　大函收到多日，未即答复，因为你想要得到《中国社会各阶级的分析》原本，我本来有人送我一本，但搬家以后，一切乱套，遍寻无着，我最近才找到原来送我那材料的同志，要他再送我两份。我再转寄一份给你。迄今尚未收到，因此稽延时日。下周一定可以寄到。

　　又，你让刘钝同志转寄我的书已收到。

　　谢谢！即贺

春安

李慎之

2003年2月13日

慎之同志：

信收到。

我上次信中并不是请你复印毛泽东《中国社会各阶级的分析》原文，因为这个原文来棣早已有，并且有1925年和1926年在三种刊物上的不同版本。我信中是问你：王若水新著《新发现的毛泽东》中有没有提到毛泽东1925年的文章（指原版）？如提到，请把有关段落复印给我们。据我所知，以前从未有人撰文议论此事。

由于你多年来考虑撰文讨论"李约瑟问题"，我请刘钝把他编的有关李约瑟问题的文集送给你。他同时也送了我一本。书是他送的，并不是我让他转寄的。他原是学中国数学史的，但兴趣比较广泛，现是我们所（自然科学史研究所）的所长，已当了五年所长，同我还谈得来。

听说嫂夫人已出院回家，望早日康复！

许良英
2003年2月17日

2003 年

良英同志：

这是我搞到的又一个版本，据称是1926年本。别的版本已非我所知了。

敬礼

李慎之
2003年3月3日

王若水的书根本没有提毛的这回事。

慎之同志:

寄来的毛泽东1926年发表的《中国农民中各阶级的分析及其对革命的态度》收到。谢谢。此文我们以前未见到过,是难得的文献。其内容与1925年发表的《中国社会各阶级的分析》一文虽有部分重复,但两者都是独立的文章。关于知识分子问题,在这篇文章中就讲得很少。王若水的大部头关于毛泽东的研究著作中没有注意到作为《毛泽东选集》第一篇的这篇文章,无疑是一憾事。

前不久戴戈之来,谈起春节前他看望过你,你告诉他尿血,但是不想去看医生。我们听了很不放心。因为我们知道,尿血不是小病,应及时治疗。来棣说,我1958年回老家后不久,我们的大孩子尿血,西医治疗无效,看了中医倒治好了,当时医生还要他每天喝羊奶。时间过了将近半个世纪,医药技术已大有进步,治这种病更不是问题,但是不去看医生总是不行的。80岁的人了,有病就得及时医,千万不可大意。你的生命和健康不是仅仅属于你个人的,同时也是属于我们这个民族的!何况你还有许多文章要写,许多见解要发表!

　　祝
早日恢复健康!!

许良英
2003年3月8日

2003年

良英同志：

久疏函候为歉。

顷读《科技导报》今年第三期22页，中国科学院研究生院李醒民研究员文章《爱因斯坦：自由人为自由上帝效劳》，深感爱因斯坦关于自由的思想之丰富与深邃。给我的印象似乎超过了你给我的那本你编的书。但是李文不但文采不足，而且好像不够严谨，有些话看不出来是爱的原话还是概括他的思想的话。因此想到，作为研究爱因斯坦的专家，你也可以写这样的文章。这样的文章在现在的中国政治气氛下是可以发表的，也可以为你在刊物上露面打开一条路。我的建议请你考虑。

敬礼！

李慎之

2003年3月28日

《科技导报》，我想你是有的，因此也就不寄给你了。

慎之同志：

3/28 信收到。

《科技导报》，1989年以前他们都送我，以后不送了，也再未见到。李醒民原是我的研究生，治学尚勤奋，但不够诚实。如十几年前在《光明日报》上发表论马克思主义的文章，（认为马克思主义是科学，而不是法律，也不是宗教。）论点全是于光远的（是我转告他们的），却不注明出处。像这类事我曾批评过他多次。

你建议我写Einstein论自由的文章，目前，似无必要，因为去年秋天我为浙江文艺出版社编了一本20万字的《爱因斯坦文录》，其中关于自由、人权方面的文章就有六篇。此书已看过校样，估计6—7月间可以出。（想不到一个月后，此书的出版因一件莫名其妙的荒唐事受阻，直至2004年1月才出版——良英注）你希望我在刊物上露面，目前是不可能的。去年，我以前的一个研究生刘兵（现在清华当教授）出了一本口述自传体的小册子，书中讲到我，并有一张我与他的照片，出版时全被删了。这还是一所大学的出版社。

去年我请杭州出版社送你的《爱因斯坦语录》，并不是我编的。我只是校了译文（译者是我的研究生）。编者是美国的一位编辑工作人员。这本语录的确编得不好，表明编者水平不高，不理解Einstein的许多重要思想。这一缺点，我在中文本序中已指出。

3月上旬曾给你一信，收到否？你的尿血治好了没有？嫂夫人康复得怎样？

前不久杭州有位老同学复印来你关于新启蒙运动的文章。读后觉得很有趣。但仔细思考起来，似乎对这次运动估计过高了一些。尤其是，新启蒙自称是对五四民主启蒙的"扬弃"，"扬弃"亦即"否"，确是如此。我十几年前说的五四民主启蒙是被启蒙者自己扼杀了，也就是这个意思。因此，今天要谈所谓新启蒙运动，应该持批判、否定态度。不知你以为如何？

祝你们俩老早日康复！！

许良英

2003年4月1日

民主启蒙对话录——许良英、李慎之通信集

2003年4月22日
李慎之因肺心病在北京去世
享年79岁

2013年1月28日

许良英因脑溢血在北京去世

享年93岁

附录

中国文化传统与现代化

——兼论中国的专制主义

李慎之

传统文化与文化传统

二十年以前,由于十年文化大革命(1966-1976)以"破四旧"的名义把中国传统文化加以"封资修"、"大洋古"之名予以毁灭性的打击,因此,作为对这种大破坏的反作用,在中国大陆掀起过一阵"文化热"。此之所谓文化大体就是指的是中国的传统文化。人们发现,传统文化不但并不如文化大革命所认为的那样坏,而且为了救治文化大革命的祸殃,还迫切需要恢复提唱"仁义礼智信"、"温良恭俭让"的传统文化。但是,同时也有另一种认识产生,认为文化大革命固然是以最最最革命的名义发动的,实际上却代表了中国传统文化中最最最反动黑暗的东西。八十年代上半期,很有一些论证文化大革命为"封建社会主义",论证应当"建立社会主义高度民主"的文章发表在像《人民日报》这样的权威报刊上。不过这阵风刮得并不长,热闹了没有几天,很快就过去了。

从九十年代开始,我就渐渐形成了一种看法,朦朦胧胧地认为传统文化和文化传统是不同的。后来知道庞朴同志也有相似的看法，他还把这个意思写成论文，在1993年"东亚经济社会思想与现代化"国际学术讨论会上发表，后来又发表在同年的《中国社会科学季刊》上，题目就叫做《文化传统与传统文化》，很受海内外学术界的重视。

庞朴同志套用中国古老的说法，说："文化传统是形而上的道，传统文化是形而下的器。道在器中，器不离道。"我的看法相似而不相同，至于到底什么是中国的文化传统，庞朴同志并无具体说明。我以为，传统文化就是中国自古以来形形色色的文化现象之总和，其中任何一种，不论从今人看来是好是坏，是优是劣，只要没有消失，或者基本上没有受到(1840年以来)强势的西方文化的彻底改造的都算。但是它又是一个变化的、包容的、吸收的概念。古老的东西只要慢慢失传了，如《周礼》中的许多规矩、制度，也就从传统文化变成已死的"文化遗迹"了；外来的东西，只要被中国人广泛接受了，与中国文化接轨而融合，它就可以称是融入中国的传统文化了。比如西服、芭蕾舞……，我们今天是没有人会把它看成是传统文化的，但是再过若干年，它们就可能像我们今天看胡琴、金刚经……一样认为是中国的传统文化了。

文化传统则不然。它是传统文化的核心，它的影响几乎贯穿于一切传统文化之中，它支配着中国人的行为、思想以至灵魂。它是不变的，或者是极难变的，如庞朴同志所说的是一种惰性力量(或曰惯性力量)，"任你风吹雨打，我自岿然不动"。

因此，传统文化是丰富的、复杂的、可以变动不居的；而文化传统应该是稳定的、恒久单一的。它应该是中国人几千年传承至今的最主要的心理习惯、思维定势。

根据我近年的观察与研究，中国的文化传统可以一言以蔽之曰"专制主义"。

为什么说中国的文化传统是专制主义

为什么说中国的文化传统是专制主义？这个问题太大。我只能依靠权威学者的结论来作我的根据，就是陈寅恪先生在《王观堂先生挽词选》中的一段话。他说："吾中国文化之定义具于白虎通三纲六纪之说，其意义为抽象理想最高之境，犹希腊柏拉图所谓idea者。若以君臣之纲言之，君为李煜亦期之以刘秀；以朋友之纪言之，友为郦寄亦待之以鲍叔。"对于主宰了中国人传统文化的三纲六纪，我还要引用中国近代第一位"儒学名臣"曾国藩在他家书里的话再作进一步的说明。他说："罗婿性情可虑，然此亦无可如何之事。尔当谆嘱三妹，柔顺恭谨，不可有片语违忤三纲之道。君为臣纲，父为子纲，夫为妻纲，是地维之所赖以立，天柱之所赖以尊。故传曰：'君，天也；父，天也；夫，天也。'仪礼记曰：'君，至尊也；父，至尊也；夫，至尊也。君虽不仁，臣不可以不忠；父虽不慈，子不可以不孝；夫虽不贤，妻不可以不顺。'……尔当谆劝诸妹以能耐劳忍气为要。吾服官多年，亦常在耐劳忍气四字上做功夫。"(《曾文正公全集·家训卷下，同治二年正月二十四日》)曾国藩这段话把三纲都提到天的高度。天是中国传统文化中最后最高的概念，确实只有希腊柏拉图所说的idea可以相比，因此，把三纲六纪(六纪指诸父、兄弟、族人、诸舅、师长、朋友)说称之为"形而上的"也是完全可以的。

我过去常常引用宋朝文天祥的《正气歌》，以为他所歌颂的"天地有正气，杂然赋流形。下则为河岳，上则为日星。于人曰浩然，沛乎塞苍冥"也是极具形而上意味的中国民族精神。实际上，它也是专制主义下的爱国忠君的表现。只要再往下看："……为严将军头，为嵇侍中血。为张睢阳齿，为颜常山舌。……地维赖以立，天柱赖以尊。三纲实系命，道义为之根。……"就足以证明了。这些话跟明朝人的话"万古纲常维宇宙，一生节烈凛星辰"，再到上引清朝人曾国藩的话是一脉相承的一个意思。

当然，经过这一百年的西化，中国已经没有皇帝了，父母、夫妻之间的关系也有了很大的改变。比如历来被认为是"天之经也，地之义也，民之行也"的一个"孝"字，现在已经几乎听不到看不见而被洋里洋气的"爱心"代替了。但是只要一加审视，三纲在历史上就不是平等的。作为政治范畴的专制主义居于至高无上的地位，不是子事父的"孝"和妻事夫的"顺"可比的，这是没有制约的权力结构的本性决定的。这一点只要看《红楼梦》里贾元春省亲这一幕就明白了。不是她先向长辈请安，而是祖母和父母先要跪迎她这位贵妃，这就叫做"未叙家人之情，先行君臣之礼"。因此，在皇帝被推翻以后的一百多年里，老百姓对人主的"忠"，作为一种意识形态，仍然长存不衰，而且变本加厉。我是清朝覆亡十二年以后才出生的，然而我记得在小学读书的时候还学过一首歌，虽然连调子都记不起来了，但是有一句"把生命交托给总理"却还记得很清楚。总理指的是国民党的总理孙中山。他那时早已死了，而他的在天之灵却还要管治著中国的芸芸众生。我在上初中的时候，也还学过一首歌，头几句就是"大哉中华，代有贤能，蒋公中正，今日救星"，歌颂的是既非国家元首，又非政府首脑，可是却在实际上统治著中国的军事委员会委员长蒋介石。至于以后高唱《东方红》，歌颂"中国出了个毛泽东，他是人民大救星"的事恐怕一直到今天还可以说是无人不晓。

说专制主义是中国的文化传统，还决不是仅指这些形式，而是指它的实际影响。虽然可以同意多数世人的见解，认为中国传统文化不是一种宗教的文化，但是必须看到，中国传统文化是一种强烈的意识形态的文化。这个意识形态就是专制主义，译成洋文就是totalism, autocracy, tyranny, authoritarianism, despotism, totalitarianism, absolutism……这些辞程度有强弱，范围有大小，但是基本意义差不多，而中国的专制主义，因为时代的不同，内容也多少有些变化，但是大体上差不多。它完全控制了中国传统文化的各个方面、各种表现，尤其是支配了中国政教礼俗。它实际上就是历来所说的名教、礼教、礼法。我现在特别拈出"政教礼俗"这四个字，以为可以说得更全面、更明白些。凡是能决定支配一个国家、一个社会的政教礼俗的，就是意识形态。

非常特殊的是：就专制主义之作为意识形态而论，不论是中国文化的大传统还是小传统，也不论大小传统怎样划分，基本上都是一样的。随便举一个例子，距今一个多世纪以前，被正统的清朝与儒家视为异端的"太平天国革命"，实行的"万事爷哥朕作主"，"敬主方是真敬天"，"只有人错无天错，只有臣错无主错"那一套。其他的武林、黑道……就不用提了。中国人之接受专制主义正是到了深入骨髓的程度。这里特别要提到的是，中共元老李维汉在1980年5月24日特意求见邓小平，向他提出，所以出现文化大革命这样的悲剧是因为中国的封建遗毒太深。因此建议邓小平"补上肃清封建遗毒这一课"。邓小平完全同意李维汉的意见，并在6月27日指示在起草《关于建国以来党的若干历史问题的决议》的报告时，特别提出要"继续肃清思想政治方面的封建主义残馀影响"。可见刚刚走出文化大革命的恶梦的中共元老们对传统意识形态的毒害是有共识的。他们之所谓封建主义就是我所说的专制主义。不过所谓"肃清"的工作后来也并没有坚持下去,而是不了了之。其原因也很简单,就是因为这个专制主义的传统太深,深到不易认识清楚,深到不能真的触动的程度。附带说一句,本来也可以以别的概念来总结中国的文化传统,如由范文澜发明而后来得到顾准赞同的"史官文化",又如中国人自古以来各派各家都标榜的"道",或者宋以后的"理",甚至"天人合一"、实用理性、忧患意识、乐感文化……等等。但是认真研究一下,这些概念实在都是过分抽象,因而暧昧不清;或者信口开河;人言人殊(中国人的"道"不知有多少种说法,甚至一个人都有好几种不同的说法),真是"子之所谓道非吾之所谓道也",只有"专制主义"这一概念才能满足"文化传统"的定义各方面的要求。两千多年来中国文化的主流正脉正是一种政治的文化,权力的文化。

作为意识形态的专制主义

"意识形态"一词,据《汉语大辞典》的解释:"指在一定的经济基础上形成的对于世界和社会的系统的看法和见解,包括政治、法律、艺术、宗教、哲学、道德等思想观点。"这个解释大概受到日本人的影响。事实上,"意识形态"这个词也正是日本人借与中国人共用的汉文,对西文ideology的翻译,其实不但文理欠通,意思也不确切。

据英国的牛津字典,ideology解释是:

A system of ideas and ideals , especially one which forms the basis of economic or political theory and policy.

照美国的韦伯斯特字典的解释是:

A systematic body of concepts especially about human life or culture.

另一个解释是：The integrated assertions, theories and aims that constitute a social political program.

三者大意差不多。如果用中文简单地概述，就是一整套关于经济、社会、政治、文化的教条和理论。中国的专制主义恰好符合这个解释。

在上述列举的西文与中文专制主义对应的词中，我的朋友，去年逝世的芝加哥大学教授邹说最爱用的是第一个词totalism，他译之为"全能主义"，因为皇帝老子什么都要管，实际上也就是"权力通吃"。藉此，也可以更清楚地明白专制主义的涵义。

不要忘了，不过几十年以前，全国各地，不分东西南北，普通人家的堂屋正中，还都是供著"天地君亲师"的牌位的。

海外华人学者有把ideology按声音译成"意底牢结"或"义谛牢结"的，倒也尚能传神达意。它真是牢牢地固结在一起，不用极大的力量，不经过长期的冲激，不经过内部的腐烂，确实是攻不破的。

所以，意识形态很近似于中国古人所谓"道统"。为了与之相区别，又因为近代的西化了的中国人好谈"理论"，我主张译为"理统"。比如《德意志意识形态》就以译作《德意志理统》为好。

所谓专制主义，只是用一个名词来说。它也可以一分为二地说，那就是在上的一方面是专制主义，而在下的一方面是奴隶主义。专制主义就这个意义上说是一个合二而一的结构。它决定了中国的政教礼俗，也因之而决定了中国的国民性。在这方面迄今为止看得最深最透的是鲁迅，他所创造的阿Q就是长期的专制主义统治下中国国民性的典型。阿Q明明是奴隶，可又老想当主子,后来又因为加入"革命"而威风了几天,于是又大摆其主子的架子,最后还是以乱党的身份被杀了头。鲁迅说,对中国老百姓而言,中国历史只有"想做奴隶而不得的时代"与"暂时做稳了奴隶的时代",实际上就是皇权趋于稳定或皇权遭到破坏的时代。这实在是一针见血,鞭辟入里的话。

中国专制主义的历史

中国专制主义是从什么时候开始的呢?我想避开一切可能的争议,截断众流,定为公元前221年秦始皇称帝时算起。这样二千二百年的历史也已经是世界上资格最老的了。当然别的国家在宗法社会,奴隶社会,封建社会,……的阶段,也有专制主义的因素,但是它们持续的时间大多没有中国长。中国的专制主义在秦始皇以前当然也有根子,然而只有到秦始皇的集中统一,才出现了大成至上的专制主义,以前的那一段算不算都不致影响大局。

秦始皇并吞六国,统一天下(其实只是中国,不过在当时已经是世界上版图最大、人口最多的第一大国了),确实是中国历史上、甚至世界历史上的一件大事。当时他当秦王已经有二十五年了,统一中国以后,他首先就让群臣给自己上尊号为"皇帝"。这是合远古所谓三皇五帝而言,其尊贵是从来没有的。皇帝自称曰"朕",历来称为"民"的百姓则更名"黔首"。他既然扫灭诸候,并吞六国,就索性废除了有近千年历史的封建制度,而改行郡县制度,分天下为三十六郡,每郡又分为若干县,由皇帝派出的大臣直接统治,同时统一全国的文字与度量衡,筑驰道通到全国各地。这就是所谓"车同轨,书同文字",或者是所谓"混一车书","并冠带之伦"。在两千年前,秦始皇的这些作为确实是惊天动地的大事，在当时是有其合理性的。所以唐朝的李白说："秦皇扫六合，虎视何雄哉！"明朝的李贽则尊之为"千古一帝"。这些都是他应得的赞扬，但是到二十世纪，秦始皇所建立的一套制度就已经不折不扣地是落后而且反动的了，只是他的伟烈丰功却还是压在中国人的心头，而始终不敢改弦更张，或者虽有改变而又借尸还魂，变本加厉。

自秦始皇在公元前221年统一中国到公元1911年辛亥革命推翻大清帝国为止，两千一百多年间的中国政治制度，除了汉初有过若干年分封诸王的反复外，基本上没有大的变化，也就是王夫之所说的"郡县之制垂二千年而弗能改矣"。由于意识形态的支配作用，中国经济制度基本上也没有什么大的变化。这就是有名的中国停滞论。二十世纪下半叶以来，中国学术界受马列主义的影响，以所谓五阶段论(即认为人类历史发展必然经过：1，原始公社；2，奴隶社会；3，封建社会；4，资本主义；5，共产主义五个阶段的理论)的影响。不断有人论证，到明朝末叶即已有资本主义的萌芽，如果不是受到西方侵略，中国自己也会发展出资本主义来。但是这只是一种无法证明的假设。而据另外一些学者如傅筑夫、顾准等人的研究，则中国早在周秦即有资本主义的萌芽，就是因为政治上的极权专制主义而始终发展不起来，一直到西方帝国主义以大炮轰开中国的大门以后，资本主义才得以艰难地成长，却又因为政治制度的束缚而始终不能顺畅地发展。我是比较相信后一种说法的。

中国专制主义的理论

前面已经谈到中国专制主义是一种意识形态，是一种理论体系(我主张称之为理统),然则它的理论是什么呢?

历来作为主导的看法是,中国传统文化的主流正脉是儒家。唐朝的韩愈与宋朝的朱熹甚至制造出一个道统来,把"尚书·大禹谟》中的"人心惟危,道心惟微,惟精唯一,允执厥中"说成是"尧以是传之舜,舜以是传之禹,禹以是传之汤,汤以是传之文、武、周公,文、武、周公传之孔子,孔子传之孟轲"的所谓"十六字心传",是以后又经韩愈、朱熹传之后世的"道统"。事实上,即使不说这只是虚妄的捏造,光把儒家看成中国传统文化的主流正脉,也是极其偏颇的。应该明确,法家在缔造中国文化传统——亦即专制主义传统的过程中,其作用决不亚于儒家。儒法互补,儒法交融,这才构成中国专制主义的核心理论,才是中国传统社会的道统,或曰理统。

首先,不但秦始皇在建立大帝国的时候,就纯粹是按法家的思想统治天下的,而且秦之所以富强,以至被六国视为"虎狼之秦",又是秦孝公任用商鞅励精图治一百多年的结果,商鞅当然是儒家所鄙视的法家。法家虽然刻薄寡恩,但是在两千几百年前要做到富国强兵还真是有办法。不过,秦政苛暴,二世而亡,从统一算起享国才十五年。汉承秦制,后世又承秦汉的制度,虽不无斟酌损益,但是到底没有什么根本的变动。所以谭嗣同说"两千年之政皆秦政也",毛泽东也说"百代皆行秦政制",实在是千真万确的。虽然毛泽东自己实行专制主义,还要扬法批儒,无非是进一步表明自己的立场,给自己的行为寻找一个中国自己的道统作根据。但是他明确指出法家在中国文化传统中的地位,看到大反传统的五四先贤所没有看到的东西,在学术上倒是颇有贡献的。

不过,法家相信"仁义惠爱之不足用,而严刑重罚之可以治国",毕竟太肃杀了一点,施政效果也可以从秦二世而亡这一点上证明不怎么样。因此,到汉文帝的时候,贾谊作《过秦论》就批评秦"仁义不施";到汉武帝时,用董仲舒的建议"罢黜百家,独尊儒术"。以后历朝历代都尊崇儒学,孔子也一直被追尊追封,直到"大成至圣先师文宣王",而法家则自秦以后即不得其传,没有一个学统,道统亦隐而不见。于是形成一种成见,认为儒学是中国学术的正统。其实,法家的思想早已融化于"百代皆行"的"秦政制"中而千古不能废了。以至北宋的苏东坡都说:"读书万卷不学律,致君泽民总无术"。"儒主礼乐而法崇刑赏",儒家的作用不过是替法家冷酷无情的专制主义为之"节文",为之"缘饰",使之增加一点"仁义",罩上一层"温情脉脉的面纱"而已。所以自古到今,中国都有"儒表法里","内儒外法",或"阳儒阴法"的说法,实在是不错的。事实上,汉武帝的玄孙,后武帝十三年当皇帝的宣帝就对自己的太子说过"汉家自有制度,本以霸王道杂之,奈何纯任德教用周政乎?"(《前汉书·元帝纪》)所谓霸道与王道杂用,说的就是法家与儒家并用。这一点,历代最高统治者心里都是十分明白的。再看一看号称尊崇儒学的明朝的开国之君朱元璋,竟因为看到孟子书中有对帝王不敬的话而勃然大怒,差一点把他永远革出孔庙,就更加清楚了。

南宋的儒学领袖朱熹对这种情况很不满意,只能慨叹:"(从孔子算起)千五百年之间,正坐如此,所以只是架漏牵补过了时日。其间虽或不无小康,而尧舜三王周公孔子所传之道,未尝一日得行于天地之间也。"这实际上就是承认儒家的"德治"或"礼治"的理想始终未能实行。不过,认真说起来,法家也有理由对这千五百年之间的治道表示不满意,因为"哪怕你铜墙铁壁,哪怕你皇亲国戚"的"铁面无私"的"法治"理想(注意：此之所谓"法治"只是法家反对儒家的"德治"、"礼治"的说法，决不是建立在现代民主制度上的"法治")，也从来没有得到贯彻，在朝廷执法的过程中，也不知有多少"拉关系，托人情"的徇私枉法的事例。中国的专制主义实际上也就是在这种不儒不法，亦儒亦法的状况下延续了下来。而且儒家也自有其严酷的一面，它与法家都尊崇绝对皇权。即以上面所说的自以为中兴儒学，传承道统的韩愈而言，他在著名的《原道》中说："君者，出令者也；臣者，行君之令而致之民者也；民者，出粟米麻丝，作器皿，通货财，以事其上者也。君不出令，则失其所以为君；臣不行君之令而致之民，则失其所以为臣；民不出粟米麻丝，作器皿，通货财，以事其上，则诛。"一个"诛"字，实在是够鲜血淋淋、杀气腾腾的。

就是这个韩愈，硬是替两千多年前的周文王做了一首向当时的最高统治者殷纣王认罪效忠的《菱里操》，说什么"臣罪当诛兮天王圣明"，作为忠君的最高典范，作为后人学习的榜样。这原本应该是十分可耻的一句话，倒成为千年来中国人的最高道德准则。不过，据我的同学唐振常教授的考证，韩愈此话"是微词，是反语，是愤极的咒骂"。但是我本来并不知道这些，倒确实是靠了这两句话发扬自己的奴性即阿Q性，才渡过了被划为右派后思想上极其艰难的最初两年。我确知还有不少与我抱同样心理的人。我们都可以说是以亲身的经验验证了专制主义主宰中国人灵魂的实际的。

中国人总是把佛教融入中国文化评价得非常高，以为中国文化特别富有包容性，殊不知释氏与道家所谓"二氏之学"虽说对中国的知识分子的精神生活有相当大的影响，对儒学的精致化与形而上学化有所推动，但是对中国整个社会的政教礼俗来说，与儒家和法家的主流作用是无法相比的。印度人欣赏的"佛法平等"，硬是被中国的专制主义挤得无影无踪（当然也是因为中国社会的不平等远不如印度的种性制度严酷）。倒是佛教给中国引入了印度的地狱与西天极乐世界的信仰，对中国人相信因果报应的心理有极大的影响，而且还带动了所谓"中国真正的本土宗教——道教"的发展，又从而带动了一大批"邪教"从白莲教到义和团……的发展。这些在中国历史上对人民的实际生活也起过不小的作用，但是始终取代不了儒法交用、政教合一的正统地位。

中国专制主义的特点

世界上许多国家、许多民族都曾有过专制主义的历史，若不是如此，洋文里怎么会有上面举出来的那么多名词呢？要比较各自的特点，非学贯中西不可，我实在是没有这个学力，但是笼而统之，对中国的专制主义也勉强可以说出一些特点来。

第一是资格特别老。从秦始皇称帝算起，专制主义已有二千二百多年的历史，这个历史比起世界上的大宗教如基督教和伊斯兰教已经长得多了。

第二是儒家虽然未必能如康有为、陈焕章以及今天有些人主张的那样，就是一种宗教，但是它确实具有某种神学的品格。本来从孔孟起，儒学就把天或道与人事相联系，特别是从董仲舒开始，把皇权与中国传统文化中最高的概念——天或者道具体地联系起来，形成一套颇为完整而又精微奥妙的理论，使皇权具有神圣的意味。从来皇帝的尊号中都有"奉天承运"、"继天立极"这样的字样。明明是流氓地痞、靠杀人放火、打家劫舍发迹的人，只要一登皇位，就自然而然戴上这样神圣的光环。我了解外国的情况很少，只知道在基督教或者伊斯兰教的国家中，王权或皇权都要受到上帝或安拉或者他们的仆人——教会的制约，基督教国家的国王或皇帝登位后还要由教会来加冕。中国的皇帝则是直接通于天的，他是唯一的"天子"，是天在人世间的代表，是道的化身，是当然的圣人，一切都由他作主。借外来的术语来说，中国实行的是一种政教合一的专制主义。其实，因为中国的政与教由于儒法两家都有"君师合一"的传统，历来就分不清楚，所以也许还不如说"政教混一"更为确切。

第三个特点就是把专制主义人情化，也就是有名的"政治伦理化，伦理政治化"。三纲六纪本来就是从家人父子的亲情出发的。所谓"孝弟其仁之本欤"，再转到忠君上，所谓"迩之事父，远之事君"，"求忠臣必于孝子之门"；再转到天的头上，所谓"王道之三纲，可求之于天"，"天不变，道亦不变"。这样就构成了一个循环纠结怎么样也无所逃于天地之间的网，而最后落实到皇帝的绝对专制上。

在外国的专制主义下，老百姓都称为"臣民"(subject)，现在有的学者也把这套到中国人身上，说中国人只有臣民心态而没有公民意识，中国的出路就在让臣民社会演化为公民社会。其实说中国老百姓是"臣民"还是不够确切，中国老百姓的实际地位是无法翻译成洋文的"子民"。历来说"天子抚育万民"，皇帝是上天的儿子，又是百姓的严父，百姓对皇上的依附关系因此又比外国的臣民对君主的依附更深一层。

这一传统之深可以从前几年还唱彻神州大地的："天大地大，不如党的恩情大；爹亲娘亲，不如毛主席亲"，还有"唱支山歌给党听,我把党来比母亲……"的歌声中得到充分的证明。许多人,包括我自己在内,在被打成右派或三反分子甚至反革命分子以后,一面表示服罪,一面在内心对自己说:"被党打了,就跟被爹娘打了一样,还能怎么样呢?"这些话在当时是不能公开的,那样就是不服罪,就是继续反党。等到平反以后把这些思想公开出来,却又居然被认为是"政治觉悟真高"的标志。在专制主义统治下,中国人并没有"公民"的觉悟,只有"子民"的顺从。

第四个特点是"大一统"。《春秋公羊传》固然有大一统的说法,认为周天子应当做到"六合同风,九州共贯",但是只有到秦始皇才在事实上做到,以后就成为定制。虽然中国的历史上分分合合,正如《三国演义》上说的"合久必分,分久必合",但是毕竟是合多分少。即使是分的时候,其中一个比较强的国家也总是要处心积虑,力争做到"普天之下,莫非王土;率土之滨,莫非王臣"。而中国实际上是一个封闭或半封闭的国家,地处亚洲的东方,至少从秦起就是世界第一大国,作为主体民族的汉民族又老早就是世界第一大民族。所以中国虽然一再被北方来的游牧民族所征服,而他们又都不得不"师汉法",也就是学习汉民族的文化以统治汉民族,金、元之际为一代儒宗的元遗山甚至还够同别人请蒙古的忽必烈为"儒教大宗师"呢!

第五个特点就是中央集权的官僚制度。这也是从秦始皇统一中国,废封建,立郡县而形成的。中国历史上屡次受到外族的入侵。但是任何文化较低的北方游牧民族都不能改变而只得接受中国的皇权专制主义。事实上,古代西方的罗马帝国,也是因为北方蛮族的入侵而灭亡的,这些蛮族的文化也远低于罗马帝国,他们也不得不被罗马的文化所同化,但是他们不是化于罗马的政治制度而是化于罗马人信奉的基督教。结果是成立了许多分立的封建小国。虽然其中也有一些戴神圣罗马帝国的皇帝为共主，但是第一，这只是一部分国家；第二，罗马皇帝的统治是松松垮垮的。因此，据后人研究，欧洲的封建国家倒是比较容易产生民主主义的。中国则不然，自秦始皇以后，地方行政长官都由中央派出，以下层层节制，最高权力还是集中在"执长策以御天下"的皇帝一身，统治力量要强得多，严密得多。两千多年来一直是如此，民主思想根本没有产生的空间。直到现在，"父母官"三个字，还是挂在人们嘴上，压在人们心头。这些所谓"亲民之官"固然也有好人，但是往往是更加专横，更加残暴，到今日而尤甚。

中国专制主义的第六个特点，也是最可恶、最黑暗的一个特点，就是思想统制或曰愚民政策，其实它本来就是政治上的大一统必有的一个组成部分。"自是而相非，自贵而相贱"，本是人性中固有的阴暗面，因此现代民主制度首先必须保障人民的思想、言论、出版自由，以相互宽容作为民主的第一要义，而中国的文化传统则反之。且不说秦始皇以前的孔子即有"攻乎异端，斯害也已"，孟子就有"息邪说，放淫词"的话，至少那时还容许"百家争鸣"，虽然争鸣的内容一概都是"人君南面之术"。秦始皇是完全靠法家的理论立国的。他称帝以后，除了统一文字、统一度量衡以外，还燔百家"以愚黔首"；"以吏为师"以统一思想，终于达到"偶语者弃市，腹诽者诛，道路以目"的程度。以后，法家之治渐渐儒化，情况当然要好一点，但是总的来说仍然是实行的"舆论一律"，到后来更发明了开科取士的方法，又浸假而发明了八股制艺。天下士子都得"为圣人立言"，"非圣人之言不敢言"。至于以言获罪，以文字贾祸的则代不绝书，而以二十世纪六七十年代的文化大革命中的"全面专政"达到顶峰。

由于以上的六个特点而有了第七个特点，即中国专制主义的生命力特别顽强。这一点是大家都看得到的明白的事实。请看1911年10月10日辛亥起义推翻帝制，中国成为亚洲第一个共和国以后，人们本来满以为专制已经结束，民主马上可以实现了，殊不知不过三年(1915年)就发生了袁世凯称帝的活剧，虽然他只做了八十三天的皇帝就下台而且病死了，但是次年(1917年)又发生了张勋拥戴溥仪复辟的短命闹剧。以后经过十年的军阀混战，好容易蒋介石率领国民革命军北伐，统一了中国，但是不久就暴露出其法西斯独裁的本质。1949年中华人民共和国成立，结果却迎来了1957年到1976年的二十年极左路线，毛泽东自称"我就是马克思加秦始皇"。中国人民一百几十年的维新、革命并没有改变两千多年的专制主义的本质，只是革掉了一个皇帝。

反观同在亚洲的日本，照说也是一个专制主义的国家，而且它的天皇据说还是天照大神"万世一系"的子孙，实际上则是京都由"将军"主政，各地由"大名"统治的封建国家。自从1854年被美国海军打开国门以后，经过所谓的"尊王攘夷"到"大政奉还"，到1868年不过十几年的功夫就实行了明治维新，正式开始了现代化的进程。当然日本的民主是很不成熟的，后来军部专权，实行侵略政策，又败于同盟国之手，又在美国的占领下重订宪法，实行了第二次开国。到目前的世纪之交，在信息时代的大形势的压力下，日本又在酝酿"第三次开国"了。可以预计，日本将进一步民主化，人民将得到更多的自由。

同日本对比起来，中国停滞的主要原因只能归咎于我们的文化积淀太厚，我们的文化传统太深，我们的专制主义的生命力太顽强。

中国专制主义的支持力量

在中国，专制主义还受到许多强大的思潮以至现实力量的支持。

计划经济是对专制主义最有力的支持，甚至是现代专制主义的基础。这点应该是自明之理了。用最简单明白的话讲，就是计划经济只有一个老板，即国家。没有国家的恩赐，任何人都不可能有饭票。所以现在有人质疑二十世纪下半期的中国人普遍地软弱、奴性，没人格以至无耻，这是无论如何不能深责的，因为任何人胆敢不服从，就得面临没有饭吃，也就是生死存亡的问题，而求生的本能又是每一个人都有的。这番道理在中国改行市场经济以后渐渐地有人懂得了，但是中国人迄今还没有进行认真的反思甚至拒绝忏悔，这才是中国的耻辱。

专制主义还容易受到十九世纪以来因为遭到外国侵略而义愤填膺的中国人的民族主义的支持。正好一百年前如狂飚突起的义和团的口号"扶清灭洋"就是最能说明问题的例子。五四运动是中国历史上最大的反专制的启蒙运动，不过它确实是以反对帝国主义，反对北洋政府与日本签订二十一条卖国条约开头的。以后的几十年有"救亡压倒启蒙"之说，也并非无稽之谈。任何一个专制政府，只要把民众的怒火引到外国头上去，它就可以压倒民众的民主要求而可以保住以至加强自己的统治。一个新兴的政治力量只要能利用民众的民族主义情绪，甚至可以取得政权。一句"二十一世纪是中国人的世纪"，立刻可以使听众血脉偾张，满座若狂。中国人民历来是讲究"夷夏之辨"的，可又是历来不讲究专制与民主的区别的。他们对爱国还是卖国的敏感程度要比对专制还是民主的敏感程度高出万倍。

集体主义是支持专制主义的又一个强大力量。中国传统文化中从来没有什么"个人主义"的观念，就同根本没有"自由"与"人权"的观念一样。虽然战国时候有个"杨朱为我"，但是其思想从未发育成一种有效的政治、伦理思想，而且很快就被孟子将他同墨子一起斥为"无父无君，是禽兽也"，骂倒了。"大公无私"，"为集体而牺牲个人"，一直到文化大革命中的"狠斗私字一闪念"，好像谁都认为是高尚的道德行为。"识大体，顾大局"更是被认为是高贵的情操，然而就在这种情操之中，人人都变成了奴隶。上面所说的凤阳县小岗村十八户农民决定摆脱人民公社的严酷束缚，自己谋一条生路而按血手印决定分田单干的时候，他们是自觉地在"犯罪"。二十多年过去了，他们开辟的道路给改革开放带来了巨大的成绩，而中国的知识分子居然还没有人把他们的行为所代表的理性的力量作出像样的总结来。

当然，中国的专制主义也受到中国的传统哲学的支持。这样说有点像同语反复，似乎并无多少新意。所以值得一提，只是因为中国专制主义不但是由上面说过的那些法家的和儒家的思想家或哲学家，如董仲舒、韩愈、朱熹、曾国藩所提倡，甚至铸造的，它还受到其他各派的思想家，如阴阳家和谶纬学的附和，也受到道家或释氏的消极的支持。现在是有人从老庄禅宗中间发现了所谓"消极的自由"，即使此言属实，他们反正是到现在都没有发展成为足以与专制主义对立或者足以消解专制主义的积极的自由。甚至近百年来被认为代表下层人民利益、许多老共产党员(包括少年时的我)所推崇的墨家，也一样是十足的专制主义者，主张"天子之所是,皆是之;天子之所非,皆非之"(《墨子 尚同上》)。一部中国哲学史或者中国思想史怎么样也脱不了专制主义统治一切的模式。

正是因为这个缘故,事情才会如鲁迅所说:"可怜外国事物,一到中国,便如落在黑色染缸里似的,无不失了颜色"。"民主"一辞,明明是外来的,到了中国,便成了"为民作主";"法治"一辞在今天的中国,也明明是rule of law的翻译,但是没过多久,便成了"依法治国",变成rule by law了。中国的意识形态的惰性或曰惯性简直是攻无不克、战无不胜。

专制主义　封建主义　皇权主义

对中国专制主义的历史、理论、特点讨论了一番之后,应该讨论一下它同封建主义、皇权主义的关系。

过去半个世纪以来,因为受马列主义的强力影响,中国人一直把秦始皇以后到鸦片战争为止的两千年历史称为封建主义阶段;把1840年到1949年(因为外国帝国主义的入侵以及本国资本主义的生长)称之为半封建半殖民地的阶段。其实这是很大的误解,是极不准确的,是用"放之四海而皆准"的所谓人类历史发展的"五阶段论"推导出来的。中国自己的传统则历来都把秦始皇一统天下、分天下为三十六郡以前称为封建时代。从社会制度上说它与马克思所说的封建主义,也就是西方一般史学家普遍说的封建主义(feudalism)基本一致,甚至也与日本明治维新以前各地由"大名"统治的封建制度基本一致,而与秦始皇建立的郡县制大不相同。所以发生这样的误解都是因为用"五阶段论"硬套的结果,也可以说是文化专制主义的结果。到现在,半个世纪过去,众口一词,己经积非成是，积重难返了。流风所及，老百姓把一切传统的东西，包括风俗习惯，都冠之以封建的形容词，如坐花轿、拜天地、裹小脚、烧香祭祖、求神拜佛……等一概称之为封建思想、封建迷信。五十年前有一位卫生部长甚至把中医称为"封建医"，引起上下的反对，于是改口。在我的记忆中，这是唯一得到纠正的一例。

照国际通例，封建主义主要指的是一种社会制度，而专制主义主要指的是一种政治制度。所以专制主义可以发生在经济相当发达的地方，如德国与苏联，而封建主义则无论如何是与现代社会不能相容的。

我的总的看法是：人类社会在过去几百万年的发展道路，或曰发展模式是很不相同的，最明显的不同就是本来同源共祖的人类居然能分化出白人、黑人、黄人那样肤色形貌不同的人来。因此即使人类进入文明时代以后，也很难说五种制度就能够包括一切。封建制度废除以后的中国的中古社会就是相当独特的一种，是不能硬归入欧洲中古的封建社会一类的。到底它是什么样的社会形态，有待于今后认真深入细致的研究。但是作为数量占人类四分之一到三分之一、时间长达两千年的一种模式，完全可以而且应当自立名目。我本来认为，最好就称之为帝国主义，因为民国以来已有不少学者称周朝为封建而以秦汉为帝国，但是因为与世界上已经约定俗成而且意思另有所指的imperialism犯重，所以只好称之为皇权主义，也可以称之为皇权专制主义，或者绝对皇权主义。我杜撰了一个英文译名就是emperorism，以此来称呼中国两千多年的社会形态，以代替名实相乖的封建主义(feudalism)。十几年来也曾多次就教于同道诸君子，没有遭到什么反对。只有一个人认为以称郡县制为好，但是它不好翻译成外文，无法与外国交流，无法在世界文化中独树一帜，而且不能表示与近代国家一般都有的地方行政区划不同特点，也不能表示皇帝老子"予一人"抚有万方的威严。想来想去就还是以皇权主义为好。请高明指教。

俄国虽然现在由普京起自称是一个欧洲国家，但是它的文化与社会制度也自有特点，因此决定了它在二十世纪走了近八十年的极权主义的道路，在此以前，它的社会-政治制度被称为沙皇主义（Czarism），我以为它也是有资格与中国皇权主义的社会-政治模式并立的。

现在是全球化的时代，全球化的浪潮汹涌澎湃，光凭全球化这个"化"字，它自然可以使世界上许多国家会有许多方面归于趋同，比如经济市场化，政治民主化。但是它是不是会达到全球一道同风，我还是有怀疑。既然同源共祖的人类在进化的过程中会变得"殊方异俗"，甚至"殊形异相"，难道在将来真的会回到一个划一的模式里去吗？把未来的世界看成是一个大体相同，然而各民族又各有特点的"和而不同"的世界，似乎要比较合理一些。全人类的发展道路可以大致一样，但是又决不会完全一样。毕竟按生物进化的过程说，不论是全体生物，还是某一物种，都是越进化就殊异性越大。各个民族在各个阶段，各有自己的形式是可以想象的，是需要研究的。

中国的专制主义与现代化

中国的现代化如果从1840年算起，也已经有一百六十年了，在物质方面当然是有成就的，而且可以说是成绩大大的，比如一百年前，中国人连火柴、洋袜都造不出来，但是中国现在已属于少数几个能造两弹一星(核弹、导弹、卫星)的国家之列了。在精神方面，也可以说有许多的收获。比如1901年底才由皇上"劝谕女子勿再缠足"，现在可以说已经看不到多少小脚老太太了。其他种种"解放"，也真是不胜枚举，触目皆是。但是，如果我们深入观察中国人的内心，就必须承认，中国人的政治文化变化很少。最近看到报上有青年干部说："看看咱们现在对上级说话的态度，已经跟过去完全不一样了"。他的意思是说上下关系已经很民主了。我却很怀疑，不一样的恐怕只是失去了中国曾经十分讲究的礼貌与规矩而趋于随便与粗野，不变的却是首长的自以为是和下属的曲意逢迎。证据真是随处可见，只要打开电视，翻开报纸，看看上面的新闻报道和评论文章，都是只见千士之诺诺，不见一士之谔谔。又比如，现在的社会，真可以说是贪污成风，贿赂公行。而所以能出现这种现象，又是因为存在著广泛的以权谋私的可能性，而所以可能大规模地以权谋私又必然是因为公权力行为缺乏公开性或透明度的结果。这恰好就是专制主义存在的明证。

这样的社会不但在精神上与现代社会的标准相距甚远，而且在物质上，也就是在经济建设上，即使能取得若干进展，也是有限度的，不能持久的。经济，尤其是现代经济的发展，首先要依靠的是个人有充分的自由，有充分的安全保障，也就是民主和法治。饮水思源，中国二十年来改革开放所取得的成就都是从1978年安徽凤阳县小岗村十八户农民按血手印分田单干开始的。这既说明了人民对自由的渴望何等强烈，也说明了自由的价值何等伟大。要知道，这一点求自由的精神是从当年几乎是世界上最贫穷、最落后的小岗村到当今世界上最富裕、最先进的硅谷是完全贯通的。

1925年，鲁迅在回答《京报副刊》关于青年必读书的问题时，劝中国人"要少——或者竟不——看中国书"。这话在当时倒还没有引起多大的反对，现在则成了鲁迅的一大罪状。我自己对中国书是读得不算多的，但是对外国书读得更少，对鲁迅的回答既没有反对过，也没有深究过。一直到近两年，我才渐渐悟到专制主义、奴隶主义的气息几乎弥漫在各色各样的中国传统文化中，只要一接触就会受感染而不自觉，我自己即是中毒甚深的人。鲁迅的话固然是愤激的话，然而却是一个只有对个人自由与个性解放有深刻觉悟的人才说得出来的话。当代中国人对鲁迅的诟病，只能说明中国人的总体觉悟又退回到五四以前去了，这真是可悲的事。

中国现代化的前瞻

我曾经相信过鲁迅的话，认为中国要现代化"必洞达世界之大势，权衡较量，外之既不后于世界之思潮，内之仍弗失固有之血脉，取今复古，别立新宗"。我也曾服膺过陈寅恪的话，认为中国今后"其真能于思想上自成系统有所创获者，必须一方面吸收输入外来之学说，一方面不忘本民族之地位"。经过近几年的观察与思考，我现在认为，所谓"固有之血脉"或者"本民族之地位"必须分清是传统文化还是文化传统。如果是前者，可继承发扬的当然是极多的；如果是指后者，那末，我认为无论如何不能继承作为顽固的意识形态的专制主义。专制主义是只能否定，谈不上继承的。

只要拔除了专制主义这个毒根，中国传统文化中不但不受意识形态污染的广大部分，从文学艺术到科学技术，可以而且应该继承发扬，即使是儒家与法家的学说，也都有应该继承的因素。比如儒家的"民本主义"固然不等于民主主义，但是它并不难转化出民主主义来。古人的许多嘉言懿行都应当成为中国未来的民主主义的源头。我曾说过："孔颜孟荀、程朱陆王的思想，只有在中国彻底清除了专制主义之后，才能大放光彩。正像基督教只有在革掉了教会与教皇的专横腐败以后才能发扬光大一样。"即使是法家，其"王子犯法，与庶民同罪"的话也可以与"法律面前人人平等"相接轨。不过要注意，说"王子犯法"，而不说"皇帝犯法"，就表示最高统治者是高居于法律之上的，因此还不是现代的法治而只是专制主义者的法制，这点要警惕。最近在报上看到有人主张加强德治。我完全赞成这个意见，不过要指出，认真的德治只有在完全的法治的基础上才有可能发挥好作用，否则难免不成为专制主义的帮凶。孔子的一些话，像"三军可夺帅也，匹夫不可夺志也"，还有孟子的"虽千万人，吾往矣"，简直可以说完全与现代的个人主义相通。同样孟子给"大丈夫"下的定义，"威武不能屈，贫贱不能移，富贵不能淫"，不但在历史上已为许多人所取法，在明天还可以为更多的人取法。更不用说像孔子所说的"己所不欲，勿施于人"这样的话，已经被世界公认为"全球伦理"的"金规则"了。这些都是必须放到中国未来的公民教科书里去的内容。

中国要否定专制主义只有两条路：一条是制度的改革，一条是进行启蒙教育。前一条如果机缘凑巧也许可以速成。后一条则必然是一个长期的耐心的过程，要急也是急不得的。要有一批人长期潜下心来做认真细致的启蒙工作，实际上就是要变中国人现有的"子民心态"为"公民意识"。现在大家都说中国人的素质低，其实所谓素质低，就是缺乏公民意识。要提高人民的素质只有大规模地、长时期地、扎扎实实地、认认真真地进行这几十年社会上、学校里根本不存在、甚至没有听说过的公民教育。

中国为什么要现代化？现在在多数人心目中，现代化只有物质的标准，只是几十年前乡下人对城里人的观念"楼上楼下；电灯电话"的延长与放大。殊不知中国人所以要现代化根本上是为了要做现代化的人——独立的、自由的、自尊的人。一百多年前，严复在中国在甲午战争中失败后成为第一个看出中国的病根在人的"不自由"。以后，他又成为第一个把西方关于"自由"的学说介绍进中国的人。但他在翻译穆勒的《论自由》一书的时候，竟因为担心"中文自由常含放诞、恣睢、无忌惮，诸劣义"，而费尽心思改译为《群己权界论》。我们应该理解他的心情，继承他的遗志，做好启蒙工作。个人与他人的权利如何划分，如何划定界限，确实是公民教育的一个重要内容，但是还不是全部内容。在几千年的专制制度下培育出来的顺民与刁民还必须分清个人的权利与国家的权力的范围，还有许多其他重要的东西。可以说，凡是应该归入公民教育的内容，几乎没有一条是不重要的。

要注意，上面所说的两条道路有可能是矛盾的：一方面说要民主化必须有合格的公民；一方面又说没有合格的公民就不能民主化，两者顶牛。实际的解决办法是：只有先实行制度的民主化，然后再完成子民的公民化。

我是1945年抗日战争胜利前夕从大学毕业的，毕业后不久就到战时首都重庆，在中国共产党领导的《新华日报》工作。正好赶上举世瞩目的国共谈判。我当然没有资格躬逢其盛，但也算得是一个就近的观察者。当时双方"斗争的焦点"是国民党要把持政权，并且以政府的名义要解散或者收编共产党的军队；共产党则主张成立联合政府，要国民党开放政权，开放民主。其中有一个到今天看起来还特别有意思的论点是：国民党认为中国人民的素质太低，实行不了民主；而共产党的反论则是，要学会游泳只有跳到水里去才能学会，不实行民主，人民的素质永远不会提高。奇妙的是半个多世纪过去，国民党的论点现在成了共产党的论点，而大批的知识分子，从当年的国民党人和党外人士到今天的共产党人和党外人士，虽然身份变了一个个儿，但是论点却完全一致，都是认为中国人素质太低，短期内不能实行民主。这个观点是康梁以来的中国知识分子的百年痼疾，中国要有前途，必须打破这个只能引人走入死胡同而且永远转不出来的论点，历史是人干出来的，不是抠书本，讲死道理抠出来的。当然，如果机缘凑巧中国能够迅速民主化了，可以预言那个民主大概也是很不如人意的民主。然而我们只能以此为起点，认认真真地进行公民教育，既是大刀阔斧地也是一点一滴地剔除中国人灵魂里的专制主义的毒素，使中国的民主逐步健全起来，正规起来，再在大体上实现了民主，亦即人民已取得了基本自由的条件下，完成完全的法治。中国的志士仁人只有以此为目标，有努力奋斗几十年的思想准备来建设中国的民主。

人类的文明史证明：所有已经实现了现代化的国家，莫不以保护人民的自由与公民权利为第一任务。历史也已经证明：只有人民最自由的国家才能成为最稳定、最繁荣、最强盛的国家。

2000年5月15日

没有政治民主,改革不可能成功

许良英

题记:此文脱稿于1992年5月9日,原是应一个准备在香港创刊的刊物所设的笔谈《今后十年中国改革的前景与问题》而写的。这个刊物流产了,笔谈稿转送北京中国科学技术协会主办的双月刊《未来与发展》,发表于该刊1992年第5期(10月15日出版)。刊出时,有几处文字上被编者改动,如"6月4日那出史无前例的人间惨剧"被改为"震惊中外的天安门事件",但无损原意。此文的发表,被中宣部认为是出版界最严重的政治事故,这期刊物立即被封禁,编辑受整肃,左派刊物《真理的追求》组织文章围攻。

随着1989年东欧、苏联的巨变和1991年的海湾战争,经历了半个多世纪的东、西方两大阵营的对抗和冷战,从历史上消失了。虽然地区性冲突、民族纠纷、宗教和意识形态的斗争还会长期继续下去,但是世界大战的可能性已不复存在。而人类历史上仅有的两次世界大战都发生在20世纪上半期。世界和平有了保障,向往和实现民主、自由、人权成为不可阻挡的潮流。这是经历了纷争、战乱、磨难的20世纪在最后十年为未来的新世纪准备的献礼,是科学、民主和理性的伟大胜利。

早在1915年,陈独秀就把现代文明归结为科学与人权;1919

年他又把人权扩大为民主。1924年孙中山也说,"现在世界潮流到了民权时代","没有方法可以反抗",并且强调:"世界潮流浩浩荡荡,顺之者昌,逆之者亡。"可是,进入30年代,欧亚几个大国出现了逆流,这就是德、意、日三国猖獗一时的法西斯;苏联斯大林模式的专制;以及50年代以后出现的中国"反右运动"、"大跃进"、"无产阶级文化大革命"这类自我折腾。这些都是人类历史回到中世纪的一种"返祖现象",是科学昌明的现代社会的历史大倒退。历史终于克服了这种倒退,不过代价是无比高昂的,包括亿万人的生命。

十年"文化大革命"的浩劫使人们从现代迷信中清醒过来,于是有十年改革开放的局面。改革的目标,1981年曾确定为:建设一个"高度民主的、高度文明的"现代化国家。人们为这个目标所吸引,对未来充满希望。可是,由于根深蒂固的几千年封建传统的作祟,民主始终是寸步难行。特别是1989年6月4日那出史无前例的人间惨剧之后,民主自由被视为洪水猛兽,坚持主张民主的人被斥为"敌对分子"。时间仿佛又回到了"反右"和"文革"年代,棍子、帽子满天飞,稍有独立思想的言论、著作一概被禁,而骗子、流氓、娼妓的胡话、梦呓却使权贵们如获至宝,正义之士无不为中华民族的厄运而唏嘘。

现在,从南到北骤然又吹起强劲的改革之风,人们为之雀跃,似乎又出现了希望,但是这次改革,谈的只是经济改革和发展生产力,而回避政治改革,更是讳言民主。这种拐脚的改革能否成功,殊堪怀疑。

有人以所谓"四小龙"为范例,认为单纯的经济改革是可行的。殊不知"四小龙"本来就是私有制和市场经济,经济起飞并无体制方面的阻力，而中国大陆首先碰到的是经济体制改革问题。在经济体制转型的过程中，如果没有政治上的民主，政权和官吏受不到广大人民和独立舆论的监督，必然"官倒"猖獗，腐败成风，社会矛盾必然日益激化，以致不可收拾。英国历史学家阿克顿（Lord Acton）早在一百多年前就说过："权力趋向腐败，绝对权力绝对腐败。"这是历史的铁律，谁也逃脱不了。不受人民监督的政权，必然腐败；而腐败和官倒是人民无法容忍的，它们是社会动乱的根源和催化剂。

如果人仅仅是经济动物，生产力的增长是社会进步的唯一指标，那么值得称道的并不是亚洲"四小龙"，而是希特勒当政时的德国。1933年1月希特勒当上德国总理，到年底，德国失业率就减少了1/3（原为33%，600万人），以后逐年下降，到1938年已不到1%。1933—1938年5年内，国民生产总值增长68%，平均年增长率11%，其中生产资料生产尤为迅速，5年内将近翻了一番。根据这一"伟大功绩"，我们应该高呼"希特勒万岁"了，何况他搞的也是"社会主义"（"国家社会主义"，Nationalsozialismus，简称Nazi"纳粹"，按德文原意该译为"民族社会主义"）！那些鼓吹不搞民主也能发展经济的说客们，竟没有一个敢于公开宣扬如此辉煌的纳粹经验，实属莫大遗憾。

人毕竟已经不是只满足于吃、喝、拉、撒的动物，人是理性动物，有自己的精神生活，有自己的思想，有自己的独立人格和尊严。正如陈独秀于1915年所说的，"我有手足，自谋温饱；我有口舌，自陈好恶；我有心思，自崇所信；绝不认他人之越俎，亦不应主我而奴他人。盖自认为独立自主之人格以上，一切操行，一切权利，一切信仰，唯有听命各自固有之智能，断无盲从隶属他人之理。"这就是经过14-16世纪的文艺复兴运动的人文主义启迪而觉醒了的,并且经过17-18世纪启蒙运动,用科学思想和民主思想武装起来的现代人的最基本的要求;要实现现代化却拒绝现代文明社会所公认的价值观;要改革,却在历史潮流面前固步自封;要开放,却不让人民呼吸外界的新鲜空气——这种本末倒置,无异于洋务运动的"中学为体,西学为用",绝无成功之可能。

这里应消除一个心理障碍,这就是对"和平演变"一词谈虎色变的心态。"和平演变"源于英文Peaceful evolution,evolution的意思是"进化",是指渐进的发展。与之对立的是"革命"(revolution),是指通过暴力对社会制度作彻底的改变。所谓"改革",就是一种进化,是逐步走向现代化的发展。这是全国人民早已认同了的取向。整个20世纪,中国人民已饱受战争和动乱之苦,中国需要的改革,当然只能是和平的,非暴力的,而不应该再走"暴力革命"的老路。因此,改革本身就是一种peaceful evolution。"和平演变"与"改革"实际上是同义词,根本不是吃人的老虎,有何可怕?

有人沿用斯大林的语言,把改革说成是对某种体制的"自我完善",这纯属形而上学的幻想。斯大林不承认他统治下的苏联社会有什么内部矛盾,而高唱所谓各族人民的"团结一致"。去年苏共的猝亡和苏联的崩溃证明了这种"一致"和"自我完善"的虚假。自我封闭性的"自我完善"是与开放性的改革相对抗的,实质上是对改革的否定。人类社会是永远在进步的,改革也必然永无尽头,不存在任何预先设定的终极目标。千年帝国,在任何时代都只能是个梦。

总之,既要改革,就得顺应当今世界的历史潮流,在进行经济体制改革的同时,必须认真开展政治体制改革,逐步实现政治民主化。应该认识到,政治民主化是经济改革和安定团结的可靠保证。实现了民主化,人民充分发挥了主动性和积极性,改革过程中所出现的难以避免的困难,全国人民就会乐意共同承担;而通过群策群力,也没有克服不了的困难。

要实现政治民主化,首先必须切实保证中华人民共和国宪法和1948年联合国大会通过的《世界人权宣言》中所规定的公民基本权利,特别是保证公民的思想自由、言论自由、出版自由、新闻自由,以及和平集会结社自由之权利。中国是联合国安全理事会的常任理事国,理应率先恪守联合国有关人权的各项公约,决不可因国内的人权问题而成为国际舆论谴责的对象;应该果敢地结束中国几千年来因思想、言论、文字治罪的历史,使所有因思想言论而系狱者获得自由。

鉴于民主思想在中国的输入和传播历史短暂,而反民主的旧传统十分顽固,即使在知识分子中间,民主概念也常常遭到曲解。因此,中国的政治民主化决不可能一蹴而就,必然是一个漫长而曲折的过程,必须通过不懈的艰苦奋斗才有可能逐步实现。在当前,首先应该争取的是公民的基本合法权利,即保卫人权。

一个尊重人权、实行法治的民主中国,是20世纪90年代对未来中国的呼唤。也只有这样,回归祖国后的香港才能确保繁荣,台湾海峡两岸的统一才能实现。那时,在太平洋西岸崛起的,将不是什么第五条小龙,而是真正的东方巨人!让我们永远记住孙中山的名言:"世界潮流浩浩荡荡,顺之者昌,逆之者亡。"

悼挚友、同志李慎之

许良英

（一）

李慎之同志是五年前才开始交往的新朋友，我们只见过两次面，主要是靠文章和通信交流思想。他先后寄给我近30篇文章，43封信。有的信写得很长，长达7页、10页；谈论的问题很广泛，从科学、民主、传统文化、国家民族和人类命运，到个人经历和人生感受。我们都是在青年时提着脑袋干革命并参加共产党，1957年都被划为"极右分子"。这样的共同经历，使我们在晚年成为至交，而且大有相见恨晚之感。他小我三岁，却比我先离开人世。失去了这样一位真正志同道合的"同志"，留给我的，是无尽的悲怆和无尽的思念。

他今年元旦第二天给我的长信中就预示了不祥之兆。信中说：

"昨天元旦，我们全家是到宣武医院病房里同老伴一起过节的。"

"我今年已整八十，过去虽然口头也说'老之将至'，而心里总是感觉目前的日子还可以照老样子过下去。五年半以前中风，对我是一个警告，然而日久玩生，也好像无所谓了。这次老妻摔跤，住院已两个多月，我一人在家'苦守寒窑'，不但孤独寂寞之极,而且也产生了'死生无常'之感。我从2001年起记录我认识的亲友死亡名录,得15人。2002年就上升到21人。自己到底还能活几年,开始感到没有把握了,而且自己也认为应该对自己敲敲警钟了。"

信中虽然流露出孤独和死生无常的伤感,但依然显示了为中国民主事业奋斗的坚强意志。

他继续写着:

"我前信曾跟你说过,今生已无从根本上研究'民主'的发展与历史、理论与实践的愿望与勇气,只是还想(写)几篇万言长文;一是破,破秦始皇以来的专制主义和马列毛以来的极权主义;二是立,立一些民主的规范。"

"过去几年,我也写了一些文章,多少也算做了一些工作,只是自己以为远远不够。今年手头还有四五个题目,希望老天爷能让我做完这个工作。但是我最想写,而且觉得不能不写的是《民主——中国现代化的目标》一文。"

"中国要现代化只有一条路可走,就是全面的充分的民主。这不但是中国的必由之路,也是世界各民族的必由之路。"

这些话真是铿锵有力,诚挚感人,可恨"老天爷"太不公道,愣不让他完成这项意义深远的重要工作。

在这封信中,他接着讨论民主的确切定义问题,要我"用最简单的文字(500字以内)回答"民主的必要条件和充分条件是什么,准备把我的答案用在他的文章里。随后他又说:

"进入新世纪后,我常说两句话,1.对中国之实现民主,我能否及身得见,比较悲观;2.对中国能在21世纪上半期实现民主,我基本乐观。"

信的最后又讨论了中国将来民主化是否会滑向非洲化或拉美化的问题，以及全民启蒙和公民教育问题。

这封充满激情和饱含深邃理性思考的信，引起我长久的沉思。他的苦守寒窗和死生无常的凄凉之感，令人心酸。为了增强他生的信心，我回信告诉他，像我们目前的健康和医疗条件，继续工作十年该不算是奢望。当然还得注意保重身体，生活过得合理。因此建议他每天去龙潭公园活动、做操；早餐不要再吃没有营养的泡饭，改吃牛奶、鸡蛋。

（二）

1月23日他给我写了一封10页的长信，这是我一生所收到的最长的一封信，很使我感到意外。信的开头说："我实在不好意思告诉你，我并没有听你忠告，第一是我这里去龙潭公园距离大概有一公里，已在我的步行半径之外"，而且"自从2000年起就放弃散步了"。至于早餐吃泡饭，"已成习惯，想改也难"。实在无可奈何。信中又讲到，为老妻开刀创口"未能愈合而不得出院，心中烦燥，但也没有办法"。

尽管心中烦燥，他脑子里想的依然是中国的民主化问题。"近十年来，生活没有什么波动，平常总以为可以无限期地 indefinitely 活下去。老妻骨折后，才悟到不变中其实一直存在着变的因素。只希望中国沉默的政治也蕴藏着什么表面看不出的推动力。"

接着他说，前两天读到王若水未完成的遗著两卷本《新发现的毛泽东》，"这又使我惭愧，优柔迁延，不肯下决心，下功夫做学问，正如我对你的研究民主问题一样。"

"由此想到，我早几年就有中国近代史（自1840年到21世纪中期民主框架大体完成之日）必须改写的想法，但总觉得这不是我老朽的事而寄希望于年轻人。最近忽然想，整本的专著写不出来，万言长文提出几个主要论点，或者写出一个大纲来，总还是应当而且可以的吧。现在想把最初步的意几向你请教"。

下面用7页篇幅告诉我其主要论点。

"首先，我认为一个民族最重要的创造是其政治制度，经济、文化、国民性都由之决定（与马克思的经济决定论不同）。1840年以前的中国，其政治制度、文化传统就是专制主义，从秦始皇算起已有二千年，不但养成了中国人的深入骨髓的奴性，而且压制了中国生产力的发展。"并尖锐指出，"所谓明清之际的'萌芽'说（指"资本主义萌芽"——良英注），不过是硬套五阶段论的文化专制主义的一种伪理论而已。"

他对160年来中国所经历的各个阶段的历史，都有自己独特的看法，且常有惊人之语。如说1949年以后，"是世界上最最最革命的理论与最最最专制的传统相结合，使中国形成了最最最黑暗的毛泽东思想三十年的统治。中国传统的专制变成了极权主义。"

这封信非常有价值，可以说是他准备写的中国近代史大纲的一个初步框架，是他多年思考的结果，处处闪耀着他的思想的光芒。当然，也难免有考虑欠周的地方。我给他的回信，首先赞同他提出的政治制度决定经济、文化、国民性的大胆论点，这显然与经济基础决定上层建筑的马克思论断直接对立。我可以用一系列的史实来支持他，尤其是作为西方文明源泉的2500年前雅典民主制最能说明问题。同时我又提醒他，政治制度的形成还是受制于经济、文化等各种因素的综合作用。对他一些明显考虑欠周的地方，我也坦诚地讲了自己的看法。例如他提到，1946年后"三年战争共产党大获全胜,可称历史奇迹。我是过来人,但除了佩服毛主席英明伟大之外,到现在还有莫名其妙之感。"对他的这两点感受,我感到意外,在回信中这样回答他:"毛泽东精于权术,诡计多端,军事指挥上确有高招。但由于军队士气高昂,各路将领大多身经百战,才艺高强,完全能独立作战,统帅即使换上周恩来这样的人,战争照样会胜利,充其量不过时间可能拖后一年半载。把功劳主要归功于毛泽东,我在感情上接受不了,即使在1949年我也不会同意。我始终认为,革命事业只能依靠集体力量。……1946年蒋介石发动内战必然失败的主要原因在于人心向背问题。"

(三)

春节期间,有位朋友告诉我,他去看望过慎之,得知他患尿血,但不想去看医生。我听了很不放心,因为尿血不是小病,应及时治疗。于是写信敦促他去看医生,讲了一句很重的话:"80岁的人了,有病就得及时医,千万不可大意。你的生命和健康不是仅仅属于你个人的,同时也是属于我们这个民族的!何况你还有许多文章要写,许多见解要发表!"以后听说他吃了中药,尿血止住了,我们也就放心了。

3月28日他写给我一封短信,说从一个刊物上读到一篇介绍爱因斯坦自由思想的文章,"深感爱因斯坦关于自由的思想之丰富与深邃",建议我也可以写这样的文章,"也可以为你在刊物上露面打开一条路"。他显然是希望我能够冲破14年来不让我在报刊上发表文章的禁锢。我回信告诉他,目前看不出有这个可能性,而且介绍爱因斯坦的自由观已有更好的渠道,这就是去年秋天我已为浙江文艺出版社编了一本20万字的《爱因斯坦文录》，其中关于自由、人权的文章就有六篇。此书估计今年6～7月间可以出版。

　　几天后我突患感冒，后又腹泻。4月17日腹泻止住了，但全身乏力，而整个北京市正被SARS（非典型肺炎）搞得人心惶惶。晚10点，有个带大口罩的青年朋友心神紧张地进来，说要告诉我一个不好的消息，要我保持镇静。他说李慎之老已病危，患老年性肺炎。我即给慎之家打电话（这是我第一次给他家打电话，因为14年来我家电话一直被窃听，我们从来不用电话交谈），问慎之的病情。接电话的他的儿媳告诉我：自3月15日宿舍停供暖气后，他得了两次感冒，后转为老年性肺炎，两肺全有阴影，造成缺氧，已不能说话，但神志仍清楚，三天前医院已发了病危通知。第二天晚我又给他家打电话，由他的女儿接电话，说今天他父亲病情平稳，医生用了镇静药，整天处于半昏迷状态。21日晚，他的儿媳电话中告诉我：昨天病情恶化，出现肾衰竭，不能排尿，用上了透析机；他醒来时要把吸氧管拔掉，医生只好用镇静剂，使他沉睡。第二天（22日），他转为肺心病，出现心力衰竭而休克。当天上午10：05，一个为国家民族的命运日夜思索的大脑停止了活动，这是我们这个多灾多难的民族的一个难以弥补的巨大损失。

　　慎之的病危和去世，使我心灵受到极大打击，一连半个多月脑海里经常浮现着他的身影。他的渊博的学识，开阔的视野，活跃的思绪，敏锐的洞见，犀利的笔锋和拳拳赤子之心，都让人永远无法忘怀。晚年能交上这样一位完全可以推心置腹的知心朋友，是我一生的一大幸事。失去了这样一位挚友，也像五年前失去恩师王淦昌先生一样使我难以承受。

老天爷真是太不公道,在夺去慎之生命前13天,已夺去了以仗义执言著称的剧作家吴祖光的生命。吴祖光长我三岁,1957年也被定为"极右分子",送北大荒强迫劳动(我也曾有幸获此殊荣,只是我拒绝了,而选择"自谋生路",回老家当了20年农民),由于专业领域的不同,无缘有个人交往,但在我1989年2月发起的呼吁政治民主化的联名信上,以及1995年的宽容呼吁书上,他都欣然签上自己的名字,并向媒体发表自己签名的理由。他和慎之在13天内相继谢世,使我这个年龄居他们中间的幸存者倍感凄怆。

(四)

慎之同我最初交往是在1998年2月,他托老朋友华贻芳同志(解放前杭州高中的地下党员)带他的文稿《中国传统文化中有技术而无科学》给我,征求我意见。在这以前,他给我有两个好印象。第一个是80年代中期茅于轼告诉我,他所在的美国所的所长李慎之说,"现代化就是美国化"。我觉得很有见地。1989年"6·4"以后,听人说,李慎之愤辞社科院副院长职务,说"不愿在刺刀下当官"。以后第一次见面时我提起这两句话,他坦诚地说,这两句话都没有公开说过,而只对一二个人私下说过,而他是到1990年才不当副院长的。可见在80年代他是像以后悼念王若水的文章中所说的,"被连续几十年的运动吓破了胆,因此还是噤若寒蝉。"

1998年2月28日我仔细读了他的文章,即给他写回信,完全同意他的基本论点,并深有同感。1985年以来,我国上下把科学与技术混为一谈，已产生严重恶果，我写过两篇文章予以批驳。慎之的文章是从另一个角度来审视，同我不谋而合。接着讨论了"科学"的涵义，真理是否中性，以及李约瑟的一些论点。

3月4日他给我写了回信，这是他写给我的第一封信。一开头就说："我的文章属于'冒叫一声'，实在憋得太久了，不能不一吐为快"。他对李约瑟的"极端亲华"情绪和偏见很反感。"可是这话是我们做中国人的几乎不能说，说了就有卖国之嫌。""我所以要冒叫一声，是为了要让人注意到中国文化与西方文化的根本差别，西方（以希腊为代表）从源头上就重视求真，中国从源头上就重视求善，这个差别经过几千年的发展，差别实在太大了。这些话其实是老生常谈，不过中国现在已经成了市侩社会，已经没有多少'老生'了。"

信最后说："明年是五四80周年了。朋友们在研究怎么'回到五四，重新启蒙'"。人们"只注意到五四口号之一的'民主'，而忽视五四的另一个口号——科学"。"我认为'科学'在中国根本就没有生根。有些科学家甚至'院士'有多少科学精神，我也很怀疑。"于是要我写一篇阐明科学精神的文章，交他们拟议中的《中国启蒙文献精选》上发表。

我在回信中告诉他，我从1985年开始已把主要精力用于学习、研究民主的历史和理论，已很少关注科学问题了，而且我认为，要纪念五四，重点还应在民主启蒙，1989年我写过这样的文章，现在还可以写。

我的回答大概使他感到意外。他回信中说，民主问题已有十来个青年人"着意研究"，而科学精神问题，一个也没有。他随信寄给我两篇文章，一篇是叙述他所以被打成右派的《"大民主"和"小民主"》。他在信中说，被划为右派后，头两年思想不通，1959年底1960年初"算是彻底觉悟了"，悟出自己的思想"根本与毛泽东思想背道而驰，不可能调和。这样一想也就心安理得"。当时我还在迷信毛泽东，直至1974年才猛醒过来，比他迟了14年。不过，对他发明的并被毛泽东采纳的"大民主"、"小民主"这两个概念，我不赞同。从历史上看，民主只有有无的问题，不存在大小的问题。所谓倾听群众意见的"小民主"或"民主作风"，根本谈不上什么民主。

他给我第三封信中简单地介绍了自己的经历，使我开始对他有了一个比较全面的了解。随后我们讨论了他的几篇文章，主要涉及中国传统文化。他家学渊源，对中国传统文化的素养令人钦佩，而我没有读过古书，从小就爱上自然科学。他驳斥朱高正、林毓生、余英时等人反五四的谬论，以及对钱基博、马一浮的批评，我都十分赞同。但觉得对王国维、陈寅恪的人格的评价偏高，尤其是对殉清自尽的王国维。陈寅恪一生远离政治，比王国维清高得多，是一位令人尊敬的正直的学术大师，但他的精神境界不及他的祖父和父亲。对我这一不同意见，他没有回音。

不久有人告诉我，慎之曾在一个座谈会上说自己是"半个新儒家"。我给他信中说：这表明你还有半个并不是，根据求同存异原则，我们之间还有可以合作的领域。他回信说："我的几篇谈论天人合一的文章，其实都是对季羡林和民族主义分子的批判。所以我们不是一半相同，一半相异，应该说是基本相同。"我认为他的"半个新儒家"是名不副实的。因为从他的信和文章来看，他的基本立场与新儒家相去甚远，甚至相反。首先是坚持五四的民主与科学的启蒙精神；其次是坚决反对民族主义和夜郎自大的心态。因此建议他今后不要再自称"半个新儒家"。

同时我们也讨论了他写的《哈维尔文集》序。这篇序写得有血有肉，对当前同样是极权主义的中国会产生巨大冲击，主要论点我完全赞同。但序中也有不妥之处，如说，"自从 Machiavelli[1]以来，西方政治学一直把政治定义为权力的游戏"。事实上，权术崇拜者 Marchiavelli 虽然对后人有不小影响（如 Marx, Engels 都大力吹捧他），但没有成为西方政治思想的主流。相反，西方主流思想是继承了 Aristotle[2] 的传统。Aristotle 的名言"人是政治动物"和"人是理性动物"，"人是合群的动物"始终是有识之士的共识。Locke[3] 的名著《政府论》中就把"政治社会"等同于"公民社会"。所谓"反政治的政治"，有点近于庸人自扰。

（五）

1999 年 8 月，他从美国回来以后不久，在信中向我诉述了他的一个重要的思想收获和自己难以忍受的孤独感。他说：

"在美三个月读五四之书，最后悟出中国虽无宗教，却有意识形态，其强烈不下于宗教，没有宗教刺激人求真知，上帝面前人人平等的优点，这个意识形态就是专制主义，就是外儒内法。二千年来只有五四冲击了一下，但谈不上彻底，因此，又以革命名义卷土重来，变本加厉，中国至今仍在其统治下，这就是我在介绍哈维尔的文章中说的'后期极权主义社会'。最理想的办法是和平进化，但是可能性几乎没有。国内外现在都没有'爱国志士'，有

---

[1]马基雅维里（1469~1527），文艺复兴时期意大利政治思想家、政治活动家和历史学家。
[1] 亚里斯多德（公元前384~322），古希腊哲学家、科学家和教育家。
[2] 约翰·洛克（1632~1704），英国哲学家和政治思想家。

的只有利禄之徒。你说我关于哈维尔的文章，对'当前的中国会产生冲击力'，但是我却看不到会有什么影响。从中国到外国，再从外国到中国感到的只是极度的孤独。"

这番肺腑之言深深地感动了我，我为他最新的思想收获感到高兴，为他的孤独感感到伤心。但我觉得他对现实过于悲观了。表面上，中国这块几千年来沉积成的板块是坚不可破的，但在整个人类文明洪流的不断冲击下，早已在逐渐溶化中，因为人同此心，心同此理，人心是不可侮的。我1976年清明前每天路过天安门广场所见的感人场面和1989年4~5月间更加激动人心的所见所闻，都验证了这一真理。1987~88年间，人们普遍为当时大学生只关心个人利益、不关心国家命运而忧心忡忡；可是，1989年4月中旬以后，他们所表现的政治热情竟如此高涨，在北京甚至有三千人以绝食这种准备牺牲自己生命的方式为中国的民主事业而抗争。经过血腥镇压和十年的意识形态严密控制后，是不是人心都死了？普天之下竟没有一个"爱国志士"了？完全不是。相反地，倒是处处感到鲁迅所说的"于无声处听惊雷"！我告诉他，"你每年发表这么多文章，又有这么多人争请你写序，显然，理解你和仰慕你的人是很多的。……总之，我觉得你决不是'孤独'的，至少我和我的一些朋友都是你的知音。"

这个回音大概是打动了他的心，使他不再感到"极度的孤独"，而是知音遍天下，使他觉得需要在这个鸦雀无声的年代，用更大的声音"冒叫"，把多年憋在心里的话痛痛快快地吐出来。随后我寄给他一篇我半年前写的《"89"十年感言》，对惊天地泣鬼神的悲壮的1989年民主运动作了简要的回忆和反思。他回信说："有错不敢承认是懦夫，错误已过去十年不敢改正是无能。

他要自取败亡，我们也无能为力。"一个多月后，他托人送来新作《风雨苍黄五十年——国庆夜独语》。这是一篇令人拍案叫绝的传世之作。当读到"中国人在被'解放'几十年以后，不但历史上传统的精神奴役的创伤远未治愈，而且继续处在被奴役的状态中"；"掩盖历史，伪造历史，随着这次50周年的大庆的到来而登峰造极。50年间民族的大耻辱，大灾难统统不见了"；"历史剩下的只有谎言……而我们居然生活在谎言中"，我心潮澎湃，立即给他写了回信，表明读到此文"深受感动，引起了强烈共鸣。这是一篇有巨大震撼力和冲击力的杰作，作者的胆识令人钦佩。读了这篇表达当今中国知识分子心声的精彩杰作，我更想同你见面畅谈，交流思想。"同时我也感到有几处美中不足。其一，对自封为第二代核心的邓小平的分析评论温情乏力，没有到位。其二，Lord Acton 的名言："Power tend to corrupt and absolute power corrupts absolutely."宜译为："权力趋向腐败，绝对权力绝对腐败。"其三，"提高人权"宜改为"尊重人权"。

这篇文章，像一颗精神原子弹，在中国知识界引起了强烈震荡，连90岁的老将军吕正操也要登门拜见作者。当政者当然恼火，派下属找他谈话。但此人却只问文章给几个人看过？怎样上网的？而不敢涉及文章的内容是否触犯党纪国法；即使手中握生杀之权也无可奈何。

1999年12月7日上午，我们在他家里第一次见面。他看来比我年轻得多，像60来岁，头发乌黑，脸色红润，只是中风过，走路困难。他很健谈，也很坦率。他说自己以前觉得"高人两等"，因为到过延安，又在党中央机关工作，对自己会被划为右派，开始时无法接受，1960年终于醒悟了，认为自己真是右派。80年代初得到胡乔木赏识,出任美国研究所所长,事实上他认为自己对美国并无研究,让他做别的研究所所长也行。他只说胡乔木胆子小,没有看出其人品的卑劣。看来,胡乔木、邓小平对他都有知遇之恩,他对他们的评价都有失公正。他说今年去美国,醒悟到中国传统就是专制,要回到五四的启蒙,但他考虑的主要是中小学的公民教育。他是个思想开放,知识面广,有深厚旧学根底,有才华,有文采,有风趣的人。他说自己不是学者,他没有做过深入系统的研究工作,缺乏严格的理论训练,治学不够严谨。在我所认识的老共产党员中,他是比较有反思精神的,思想上同我最接近,而且志向完全一致,是真正意义上的同志,因此我们相互以"同志"相称,尽管我1989年以后已经不是共产党员了。

(六)

2000年5月他托人送来一篇将近2万字的论文稿《中国文化传统与现代化》,征询我意见。这是一篇有很高学术价值的论文,也是对现实有强大冲击力的战斗檄文。主题思想就是他一年前在美国悟出来的:中国文化传统就是专制主义。现在他对这一论点进行系统的有充分说服力的论证。这可能是他一生最重要的学术论文。当时他给我的是一份修改稿,稿中到处有他用红笔改写的字迹,其中有不少是大段的增补。他把这样一份在修改过程中的原稿寄给我,也足见他对我的信任。这篇论文定稿时改名为《论中国文化传统与现代化——兼论中国的专制主义》。

2000年10月他又托人送来给舒芜的信,要我"多提意见"。这封信主要是讨论五四精神,以及鲁迅与胡适的比较。他不同意舒芜把五四精神限于"个人解放"并把鲁迅作为五四精神的唯一代表人物，我深有同感。但我不同意信的开头对舒芜的两点评价。其一，对舒芜1955年把胡风的信交给《人民日报》，他说，"世人或有难谅解者，我是有深切的同情"。我则认为这是置胡风于死地的告密行为，即使在当时的政治压力下是可以理解的，但是从人性、良知和道义的准则来衡量，是应该谴责的。至少在今天不该"有深切的同情"。其二，信中用很大的篇幅和极其夸张的语言赞扬舒芜的《论主观》，说"在我这一代人当中你是最有思想，也是最能思想的一个"，说他是"一世之雄"。我告诉慎之，此文刚发表时我也读过，觉得有唯意志论的味道，谈不上有什么了不起的思想深度。这两点意见他是采纳了，发表时删去了这些内容。在回信中我还提出，对鲁迅的"拒绝宽容"不宜苛责，当时他的好友杨杏佛、柔石被杀，他自己的安全也受威胁，有人还从背后放冷枪。胡适的宽容精神确实值得称赞，但应注意到，在他一生的政治实践中，宽容往往与他的软弱和脱离现实密不可分。

2001年2月2日下午，他约我去他家第二次见面，晚饭他请我们到附近一家餐馆吃鱼头火锅。我们先议论了当时热门的法轮功问题，转而回到在信上讨论的问题。首先是对马克思主义的评价问题，他说他早已不信马克思主义，但从未公开批判过。我建议他在给舒芜的信中删去一句与主题无关而令人莫名其妙的话"尼采与杰弗逊，到底谁对人类文明的贡献更大？"他不接受。我说，尼采是一个反理性、反民主的唯意志论者，他崇拜超人，崇拜征服者，崇拜拿破仑，而鄙视平民和妇女，鄙视林肯这样的人，而杰弗逊则是美国民主制的主要设计者，怎么可把这样两个人相提并论？这显然有悖我们所崇扬的启蒙精神。我提醒他，要珍惜自己的形象，不要被人看作是思想混乱的人。关于邓小平的评价问题，我们又进行了争论。我觉得他对胡耀邦在改革开放时期的思想主导作用以及80年代高层内部斗争的情况并不了解，于是介绍了胡耀邦留给我的印象和当时的直接见闻。整个谈话非常坦诚，中间虽有争论，但各人都把心里话说了出来。对于一向感到自己孤独的他，这样直率的交谈恐怕是不多的。

（七）

那次交谈后，我们在信中继续讨论无产阶级专政理论。我认为，王若水说的"马克思主义是唯人主义"是曲解了马克思主义，只看到虚幻的共产主义天堂的理想，而看不到通向这个天堂的血淋淋的专政之路。

由于他一直在关注所谓"李约瑟问题"，我寄给他我的老师浙江大学心理学教授陈立先生1944年的一篇重要论文，并详细介绍这位仍在带博士研究生的99岁（今年已101岁）老人的情况，而这位老先生近几年同我通信很密，对慎之的《风雨苍黄五十年》十分赞赏。我们一连在几封信中谈论了陈立先生，他对陈立先生也非常崇敬。

2001年11月，有位青年朋友送我一封从网上下载的上海朱学勤2月发表的《答元化先生》，信中披露王元化1月间在报刊上指责慎之"拉帮结派"，我感到震惊，也为慎之不平。我原以为王元化与慎之被人称为"南王北李"，关系一定不错，想不到竟会出现如此严重分歧。我猜测，分歧可能来源于对五四和中国传统文化的评价。近十年来，王元化恣意否定五四，宣扬杜亚泉甚至辜鸿铭，吹捧新儒家，有明显的复古倾向，对慎之忌恨，不足为奇，但居然公开造谣中伤，心术未免太卑劣了。于是我给慎之写信，问他原委。他回信说，这个问题是他最不愿意谈的，但还是把他能够想得起来的情况原原本本地告诉了我。他一一详述了与王元化见过几次面，在什么场合，交谈了什么。他说："事实上，我跟朱学勤'拉帮结派'的可能性与同王元化'拉帮结派'的可能性一样小，因为见面与联系的机会几乎一样小。"他分析，这件事"起因于1995年丁东吹捧我们两人为'南王北李'一事。""王一再在公开场合大声否认'南王北李'之说，我其实也是否认的，不过不是大声"。随后，我们在信中讨论了王元化的所谓"新启蒙"。接着我们也讨论了当前风行的"后现代主义"和"新左派"的谬论。2002年2月，读到他悼念王若水的文章。文章写得亲切动人，点出毛泽东的"朕即国家"的思想，真是一针见血。文中他又坦诚地剖析了自己，说：80年代，"像我这样的人心中也不是没有倾向，不是没有分辨是非的能力，但是被连续几十年的运动吓破了胆，树叶掉下来都怕打破了脑袋（以后的修改稿删去了这12个字——良英注），因此还是噤若寒蝉，只能在心底对若水的正确与勇敢叫好，赞叹与敬仰。"美中不足的是，文中所反映的1977年到1989年中国思想界的情况并不准确。如说："历经30年的高压，备受荼毒的中国人当时能够想到，敢于想到的只是人道主义与人的异化的概念"；"80年代中国思想界的中心议题就是周扬和王若水提出的人道主义与异化"。于是我写信告诉他，80年代，人道主义争论由于胡乔木的卑劣无耻表演而影响较大，但应知道，此外还有民主与专制（80年代后期演变为"新权威主义"），思想自由与"反自由化"，以及反对意识形态对自然科学的干扰，等等，都是思想界所关注的问题。如果80年代仅有人道主义争论，很难设想1987年胡耀邦会被迫辞职，1989年会爆发空前规模的学生运动。关于80年代中国思想意识形态领域的斗争，美国Boston大学政治学教授Merle Goldman和Johns Hopkins大学副教授H. Lyman. Miller都曾分别写了专著。

2002年4月，我两次读到他给朱学勤信的复印件，谈的是准备纪念顾准的问题。要纪念顾准，宣传顾准，使顾准的珍贵思想尽可能成为中国当代知识分子的共同财富，完全是应该的，我举双手赞成。但他的信中说："顾准是中国近代以来最伟大的思想家。比五四先贤陈独秀、胡适、鲁迅、李大钊、蔡元培都更伟大。""他比所有的人都更用功、更执着地追求中国的出路，从各个角度比较中西文化，学习民主的道理。"我认为这个论断过于仓促，不符历史事实。经过反复思考并重新阅读《顾准文集》《顾准日记》后，6月14日给他写了一封信，坦呈自己的意见：

顾准的独立思考和不屈不挠的精神令人十分敬佩。我直到1974年才摆脱对毛泽东的迷信，而他早在50年代就已不存在这种迷信，能够独立地自由地思想。但他70年代以前思考的主要是经济问题，基本思路没有越出马克思主义框框。从他的日记看来，他是1972年10月从干校回北京后，开始阅读大量中外历史著作和几本哲学名著，可惜不久就患病，1974年12月就去世了。他一生中最光辉的思想主要是在这个时期写下的。以带病之身，在短短两年内迸发出如此众多的令人眩目的思想火花，可以说是一种人间奇迹。遗憾的是，两年时间太短，他要考虑的问题和要读的书都太多，有些书不可能读得很仔细和好好消化（如Aristotle的《政治学》就如此）。因此，这两年，他不可能写出一篇完整的文章，而只能留下一些笔记性的文字，其中有不少显然不是深思熟虑的结果。例如关于民主问题的许多论断,与我和老伴王来棣近20年来所阅读过的许多关于民主的历史和理论的代表性著作并不一致。他写过《希腊城邦制度》,对雅典民主制持否定态度,认为是"贵族政治",并说Aristotle激烈反对民主制。我们两人都通读过Aristotle的名著《政治学》,所得到的印象恰恰相反。Aristotle虽然对雅典民主制的缺点作过尖锐的批评(他称为"极端民主"),但基本上是赞赏民主制的,认为民主制的精神是自由,在三种政治制度(寡头、贵族、民主)中,民主制最佳。顾准完全否定直接民主制,认为一党专政和"文革"都是直接民主。这一错误论点被王元化、刘军宁奉为经典,也影响了当前一些青年政治学者。他还附和毛泽东的民主是手段(方法)不是目的的错误论断。他虽然反对一党专政,主张多党制,但不是真正意义上的多党制,而是"社会主义的两党制"。看来,他对民主概念的理解还是相当混乱的,可以说他的探索仅仅刚开始,还没有彻底摆脱马克思、列宁和毛泽东的影响。

同样,他的哲学思想也很不成熟,主要来源于Marx, Engels, Lenin, Francis Bacon,并竭力推崇F. Bacon,提出一个命题:"一切判断都得自归纳"。这一体现归纳万能论的命题,无论在日常生活中,还是在科学研究中都站不住脚。我们在生活和待人处事中,时时都作判断,其根据主要是直觉和本能,比较复杂的需要进行分析和比较,极少要通过归纳。在科学上,Euclid创建几何学,Newton创建力学理论,Einstein创建相对论,都根本与归纳无关。F. Bacon的归纳不过是爬行的经验主义。

相比之下,五四时期几位著名思想家,在思想的深度和成熟程度,以及眼界方面,显然都不是顾准所能及的。因为五四时期，知识分子基本上是自由的，而顾准要挣脱几十年来束缚自己思想的意识形态的禁锢，是极其艰难而又要冒大风险的。

这封信他没有及时收到。因为5月他去了杭州，6月1日回北京后就搬家，从建国门外的永安南里搬到潘家园的华威西里，可能在忙乱中弄丢了。10月间他要求我把信底复印给他，并说了他所以对顾准估计很高，是因为这20多年来，"事实上顾准已经成为民主派或自由主义者的一面旗帜"。

对于这个评价我也不同意。因为顾准的文集1994年才出版，在此前很少有人知道顾准的思想，而中国现代的民主派和自由主义早在80年代就已形成。而且顾准文集中根本没有论述自由的文章；议论民主时，也没有涉及自由、人权。顾准没有吸收Aristotle，Locke这些杰出思想家的思想，却误把反民主、宣扬精英统治的Schumpeter（顾准译过他的书）的糟粕当作经典。他收到我这封信和6月14日信的复印件后，没直接回答我的意见，但希望我写评论顾准民主思想的文章，说"这不可能有损他的形象与影响，反而是最好的启蒙材料"。

（八）

2002年5月，他应邀去杭州中国美术学院讲学，然后又到浙江大学作了一次演讲。听说这两次讲活反应非常热烈。这不禁使我想起1985年3月方励之在浙大演讲的情况。那是方励之第一次公开谈论政治问题，在大学生中产生了巨大影响。以后读到慎之在杭州的讲稿《全球化和全球价值》，觉得内容非常好，特别着重阐明民主是全球价值，对官方意识形态有很大冲击力。不过有几处讲到历史的地方，不够准确，甚至会误导读者。于是我给他写了一封信，坦率地提了几点意见。特别是对 F. Bacon，显然拔得太高了（顾准也有这个问题）。他在讲稿中说："培根以一身而开民主与科学两大价值系统，更是近代启蒙运动的不祧之祖。"事实上，F. Bacon 决不是民主思想的倡导者，而是专制君主制的代言人。他在宣传科学技术对人类社会进步的巨大推动作用方面确是有贡献的，但是对于当时科学的重大成就近于无知，对哥白尼的日心说甚至持否定态度。他在科学上毫无建树，根本谈不上什么"不祧之祖"。又，说科学是"价值系统"，也不妥当。价值（value）是指伦理道德准则，与意识形态有关，科学追求的是"真"，与伦理道德、意识形态无关。

此外，说 Adam Smith"开启了近二百年的市场经济"，也欠妥。因为市场经济是伴随商业活动而产生的，2500 年前的古代希腊商业就已很发达。又，说美国制定宪法时全国"半数人口是黑人奴隶"，也不符事实。

10 月 30 日他回给我 7 页长信，态度非常坦率诚恳，感人至深。信中他诉述自己的思想变化历程。他说：

"不嫌狂妄地说，我的二次觉悟（一次觉悟是马列主义觉悟）大体上与顾准是同步的（我是1960年看穿毛泽东式的社会主义而重新确立民主思想的，也可能比顾准晚了两三年）。但是我的斗争意志远远比不上顾准，我的心情灰到'他生未卜此生休'的地步，书倒是不断地看，像哈耶克的《通往奴役之路》，熊彼得的《资本主义、社会主义与民主主义》，几乎'在内部'一出来，我就能看到，但是我一来从年青时就没有作学问的训练，二来是根本没有觉得自己还能有著书立说的可能，当时对自己的最高要求就是做个明白鬼算了。到'改正'（指 1979 年错划右派问题得到改正——良英注）以后也有好几年还是这个心情，只是做官做事大体倒还能做到按自己的原则行事。近年来才想到还有可能发挥余热，但是又觉得桑榆晚景干不了多少事了。就一年写几篇文章，最长不过万字，自认为想通一个问题就写一个问题。其间还有一段时期，因为对毛泽东批儒的反感，觉得中国传统文化远没有毛的极权主义那么坏，还一度迷醉于新儒家的学说，这就是我曾经对你自称也可以算'半个新儒家'的原因。"

"我过去几年的'工作'进度是很慢的，自己觉得虽然效率不高，但是还能'赶趟'，不过最近以来，我突然直觉地感到中国应当有一批'战斗的民主主义者'，然而全社会好像都没有这样的准备。我有三个小圈子，一个都是八十以上的人，一个是大约六十到七十的人，另一个大约五十上下的人，每一两个月聚会一次。我近来一再呼吁他们研究民主的理论和制度，但是除了年轻的一批外，反应都很冷淡"。

"我自认为我思想的'大方向'还是正确的，但用作论据的许多事实和材料都不准确，这是因为我不但学力不足而且从头就没有决心潜心治学的缘故。"

信中还议论了新出版的《大学人文读本》。我觉得这套书立意很好，会有助于青年学生扩大眼界，提高思想境界；但所选的文章基本上是近年国内出版的书刊上的，有些质量不高，而且缺乏真正有价值的经典性著作。他完全同意我的意见，并建议我把有价值的经典原文编一本《民主读本》。这是个好主意，做起来并不难，问题是是否有合适的出版社愿意出版。

信的最后讲到比他大三岁的老伴10月17日在家门口摔了一下，摔成大腿骨折，一个多星期后才住进医院，生活不能自理，四个儿女轮流去服侍她,"真是紧张之至。我心里也忙忙乱乱,做不出什么事来。"

(九)

虽然家逢厄难,但他忧国忧民的情思依然未停,反而迸发出更加灿烂明亮的光芒,这反映在他今年1月2日和1月23日给我的两封长信中。在生命结束前三个月,他的生命力竟如此旺盛,思想成果又如此丰硕,真是一个奇迹。我们正期待着他把想写的惊世宏文都写出来,他尽心呼唤的民主能在中国大地上成为现实,他却猝然倒下了。慎之,你安息吧!只要我们一息尚存,我们都会坚定不移地在你已经走过的道路上继续前进,尽力为实现我们的共同理想而抗争!

2003年5月16日

www.ingramcontent.com/pod-product-compliance
Lightning Source LLC
Chambersburg PA
CBHW060515080526
44586CB00012B/498